MensSana✳

Von Sabrina Fox ist bei Knaur außerdem erschienen:

Wie Engel uns lieben
Von Engeln begleitet (89 Karten und Begleitbuch)
Über das Heilen von Krisen

Über die Autorin:

Sabrina Fox ist Autorin mehrerer sehr erfolgreicher Bücher. Sie möchte durch den Austausch mit ihren Lesern und Leserinnen anregen, das eigene persönliche Verhältnis zu Gott und den Engeln zu stärken. Sie ist nach 16 Jahren in den USA wieder in ihre Heimatstadt München zurückgekehrt.

Sabrina Fox

Von Engeln begleitet

89 Übungen
für ein erfülltes Leben

MensSana

Besuchen Sie uns im Internet: www.droemer-knaur.de
Alle Titel aus dem Bereich MensSana finden Sie im Internet unter
www.mens-sana.de

Vollständige Taschenbuchausgabe 2007
Knaur Taschenbuch. Ein Unternehmen der Droemerschen Verlagsanstalt
Th. Knaur Nachf. GmbH & Co. KG, München
Copyright © 2006 Knaur Verlag. Ein Unternehmen der Droemerschen
Verlagsanstalt Th. Knaur Nachf. GmbH & Co. KG, München
Alle Rechte vorbehalten. Das Werk darf – auch teilweise – nur
mit Genehmigung des Verlages wiedergegeben werden.
Umschlaggestaltung: ZERO Werbeagentur, München
Umschlagabbildung: FinePic, München / Illustrationen Jana Bischoff
Satz: Adobe InDesign im Verlag
Druck und Bindung: CPI – Clausen & Bosse, Leck
Printed in Germany
ISBN 978-3-426-87301-4

INHALT

So sehen uns die Engel

»Du bist ein einzigartiges Lebewesen.
Wenn du zurückschaust auf dein Leben,
verstehe, dass du kein Zufall bist.
Jede Entscheidung, die du getroffen hast, und
jede Erfahrung, die du gemacht hast,
hat dich zu dem Menschen gemacht,
der du heute bist.
Fühle, wie deine Weisheit und deine Stärke
dich durch Situationen geleitet haben,
und erinnere dich daran,
wie häufig du schon Schwierigkeiten gemeistert hast.
Dir wurde ein großes Geschenk gemacht,
das Geschenk der Wahl.
Ehre dieses Geschenk. Benutze es.
Du bist wie die Sonne, die die Welt wärmt.
Schätze dich, wie wir dich schätzen.
Fühle die Wärme in dir und erinnere dich,
dass du ein Wunder bist,
ein tägliches Wunder und
unendlich geliebt.«

EIN GEBET

Zeit.

Ich nehme sie mir. Jetzt.
Um euch, meine Engel,
die ihr leise sprecht, in mir zu hören.
Meine Gebete fühle ich in der Tiefe meines Herzens,
und ich erlaube mir einen weiten Atemzug.
Ich öffne mich in den Übungen,
die meinem Erwachen dienen.
Ich weiß um die Herausforderungen,
die sich meine Seele wünscht,
und bedanke mich für eure Lösungswege.
Ich vertraue mich eurer Liebe und Weisheit an,
mit der ihr, meine Engel, mich begleitet.

Amen.

VORWORT

Vielleicht haben Sie schon viel Zeit mit Engeln, Gott, Meditationen, Schamanen, Gebeten und Reisen zu heiligen Orten verbracht. Vielleicht aber sind Sie in diese gelegentlich recht seltsame spirituelle Welt hineingestolpert und möchten jetzt gerne wissen, was es denn mit Engel auf sich hat. Für die Beginner wie die Fortgeschrittenen auf der Reise des Lebens ist dieses Buch geschrieben. Es entstand aus meinen Engelkarten »Von Engeln begleitet«. Da es nicht immer praktisch ist, Karten mit sich herumzuschleppen und da ich alles immer auch unter dem Gesichtspunkt der Praktikabilität und der Nützlichkeit betrachte, war mir und dem Verlag klar, dass wir auch eine reine Buchform anbieten möchten. Es unterstützt, wie die Karten, drei unterschiedliche Bereiche in unserem Leben. Manchmal suchen wir nach einem Gebet, um den Kontakt mit Gott und den Engeln herzustellen, manchmal nach einer Übung, um uns weiterzuentwickeln, manchmal nach einem Lösungsweg für eine Herausforderung, die uns im Magen liegt.

Als ich damals für die Engelkarten schrieb, beschäftigte mich die Frage der Anrede in den Karten und im Buch. Ich channele nicht (ich gehe also nicht in Trance, um Informationen aus dem Ungesehenen weiterzugeben), sondern ich bete. Außerdem kann ich Gott von den Engeln nicht trennen. Für mich sind Engel die Boten Gottes und auch unsere Vorbilder. Das heißt, dass ich die Engel nicht mit Gott gleichsetze, obwohl wir alle eins sind. Wenn Gott der Pilot ist, dann sind die Engel die Flugbegleiter, und ich bin der Passagier. Wir fliegen gemeinsam. Was soll also zum Beispiel in den einzelnen Bereichen stehen: »Lieber Gott« oder besser »Liebe Engel«? Sind diejenigen, die sich mit »Gott« noch gar nicht anfreunden können oder schmerzhafte Erfahrungen mit einem Gottesbild gemacht haben, nicht abgeschreckt, wenn da plötzlich auch »Gott« auftaucht? Oder, ganz anders: Wieso heißt das Buch *Von Engeln begleitet*, und da steht dann dauernd etwas vom »lieben Gott« …?

Natürlich trifft man irgendwann einmal eine Entscheidung, wie man solch ein Buch schreibt, weil Sie sonst nichts in Händen halten würden – von der überstrapazierten Geduld des Verlags einmal ganz zu schweigen. Und ich treffe solche Entscheidungen, wie ich sie immer treffe: Ich bete und hoffe auf eine Antwort.

Manchmal kommt keine. Unsere Engel warten häufig, bis wir unsere eigenen Gedankengänge darüber abgeschlossen haben. Sie unterstützen uns ja bei unseren Lernaufgaben, und da hilft vorsagen nicht. Ich muss natürlich auch erst selbst meine Hausaufgaben gemacht haben. Das heißt, ich muss darüber nachdenken und Zeit damit verbringen. Mich tiefer in mich hineinbemühen. Das machte ich natürlich, und nach einer Weile wollte ich mich mit den Engeln darüber austauschen. Ich wusste nicht, »ob es denn schon so weit ist« und ich meine Hausaufgaben laut der Einschätzung der Engel bereits gemacht hatte.

Ich möchte Sie gern an einem dieser Dialoge mit den Engeln teilhaben lassen, damit Sie sich vielleicht vorstellen können, wie solch ein Gespräch ablaufen kann. Ein Austausch mit den Engeln ist nicht kompliziert. Sie können nichts falsch machen. Es gibt keine genauen Regeln. Die Engel »lesen« dabei die Tiefe unserer Gefühle. Aber auch hier müssen Sie sich nicht zu sehr anstrengen. Lassen Sie sich in Ihr Herz sinken und erlauben Sie sich, die Sehnsucht nach den Engeln in sich wachsen zu lassen. Freuen Sie sich auf das Ergebnis! Das reicht vollkommen.

Als ich gebetet hatte und meine Fragen stellte, schrieb ich alles genau so mit, wie ich es erlebte. Natürlich stellt meine Art des

Gesprächs nicht den Anspruch, die einzige Gesprächsmöglichkeit zu sein. Meine Freundin Sheila Kenny zum Beispiel spricht mit den Engeln immer unter der Dusche. Ich höre da gar nichts. Vielleicht habe ich zu viel Seife in den Ohren.

Meine Gespräche laufen in der Regel so ab, dass ich die Augen schließe und mir die Zeit und die Stille nehme. Und das tat ich auch in diesem Fall.

Ich schließe die Augen (Gott sei Dank kann ich blind schreiben), nehme ein paar tiefe Atemzüge und spreche ein Gebet. Dabei erinnere ich mich an die Dankbarkeit, die ich für Gott und die Engel empfinde, fühle die Demut darüber und warte eine Weile, bis ich darin tief eingesunken bin. Dabei habe ich immer das Gefühl, als gehe mir das Herz auf: Es wird weiter als mein Oberkörper, und die Herzgegend wird auch sehr viel wärmer. Automatisch lächle ich dabei.

Dann stelle ich in Gedanken meine Frage: »Wie soll ich die Anrede auf den Seiten schreiben?«

Manchmal höre ich lange nichts, doch dieses Mal geht es ganz schnell – ich höre Kichern und Lachen wie von einem ganzen Kirchenchor, sehr warm und doch leise: »Weißt du nicht, dass wir aus dem Gefühl hinter den Worten sehr viel mehr lesen als durch das Wort allein?«

Ja, natürlich! Wie konnte ich das nur vergessen! Doch hilft das meinen Lesern weiter? Ein Buch besteht nun mal aus vielen geschriebenen Wörtern.

Ich warte und hoffe auf mehr.

Ich warte …

Ich warte immer noch.

Es dauert eine Weile, bis ich wieder »drin« bin. Deshalb stelle ich mir wieder die Demut und Dankbarkeit vor, ich fühle sie, und dann warte ich ab.

»Schreib ›Lieber Engel‹ oder ›Lieber Gott‹, wie immer du es

fühlst. Was immer natürlich in deine Gedanken kommt. Und wenn du das Buch und die Karten dann am Ende noch einmal durcharbeitest, dann wirst du schon wissen, ob etwas zu ändern ist.«

Solche Antworten gefallen mir gar nicht ... Ich mag immer gleich alles erledigt haben. Ich mag »Jas« und »Neins«, aber keine »Später«. Aber das wissen die Engel natürlich auch. Schließlich soll ich wie immer auch bei diesem Buch selbst einiges lernen.

»Was mache ich mit den Ausführungen zu den jeweiligen Antworten im Buch? Wie soll ich dort schreiben? Ich bin ja schließlich kein Engel.«

»Deine Leser und Leserinnen wissen sehr wohl, dass du dich um Klarheit und Selbsterkenntnis bemühst. Und sie schätzen deine Offenheit. Natürlich bestehst du aus Lebenserfahrung, und auch diese Lebenserfahrung möchtest du weitervermitteln. Häufig sind ja deine Erkenntnisse angeregt worden durch ein Gebet mit uns, nicht wahr?«

Ich nicke.

»Außerdem war es dir immer schon wichtig, dass deine Leser dir eben nicht ›folgen‹, sondern ihr eigenes Verhältnis zu der ungesehenen Welt aufbauen. Und deshalb hast du auch Leser, die das sehr wohl einzuschätzen wissen. Mach dir also nicht zu viele Sorgen.«

Meine Augen werden feucht. Und so seltsam es vielleicht klingen mag, wenn ich es hier schreibe, aber ich fühle mich von der himmlischen Welt verstanden.

»Es ist gut«, höre ich noch.

»Schreib! ... Und dräng dich nicht.«

Dann wieder das Lachen.

Ich öffne wieder die Augen und bedanke mich für die Liebe, Großzügigkeit und Leichtigkeit meiner Engel.

Also, hier ist mein Versprechen an Sie: Ich schreibe so gut und so klar, wie ich kann. Ich wünsche mir von Herzen, nichts Falsches über die Engel zu schreiben. Ich bat sie, mir zu helfen, so wahrhaftig wie möglich ihre Essenz und ihre Weisheit weiterzugeben. Darum bitte ich meinen Vater, meinen Gott. Amen.

Sabrina Fox

WIE HELFEN ENGEL?

Wäre es nicht wunderbar, wenn jedes Gebet sofort beantwortet werden würde? Wenn unsere Engel fleißig an der Erfüllung unserer Wünsche arbeiteten, während wir uns in freudiger Erwartung zurücklehnen könnten? Wir müssten nur lernen, wie man »richtig« betet, »richtig« meditiert, und wie bei einem perfekten Kochrezept würden wir immer genau wissen, wie das Endergebnis aussieht. Es gäbe keine Überraschungen und natürlich auch keine Enttäuschungen. Vielleicht suchen wir deshalb unbewusst nach Engeln und ihrer Führung, weil wir dadurch nie wieder Probleme haben wollen? Und vielleicht wünschen Sie sich ja, dass dieses Buch endlich das »Rezept« für ein problemloses Leben liefert, obschon Sie natürlich selbst sehr wohl wissen, dass es so etwas nicht gibt.

Leider.

Und doch … ist es wirklich so erstrebenswert, ganz problemlos zu leben?

»Ja!«, werden Sie vielleicht rufen. »Natürlich! Haben Sie eine Ahnung, mit welchen Schwierigkeiten ich mich dauernd herumschlage? Mir reicht es jetzt! Ich habe das Gefühl, ich komme keinen Schritt weiter, und ich habe keine Lust mehr, solch ein Leben zu führen.«

Dann lassen Sie uns einfach mal zwei vergleichbare Szenarien durchspielen.

Erstes Szenario: Unsere Engel führen uns. Das Einzige, was wir also irgendwie lernen müssten, wäre, »richtig« zu beten. Offensichtlich können wir das noch nicht, denn unsere Wünsche werden ja nicht sofort erfüllt. Wenn wir dann alles richtig gelernt haben, hören unsere Engel uns endlich, und dann (es wurde auch Zeit!) erfüllen sie uns sofort jeden Wunsch: der richtige Partner, der richtige Job, die immer während Gesundheit. Selbst das perfekte Aussehen könnten wir mit relativ wenig Arbeitsaufwand erreichen.

Wie würden wir uns entwickeln? Wahrscheinlich nicht unähnlich einem verzogenen Kind, das stündlich nach seiner Schokolade brüllt und dabei unerträglich und auch noch übergewichtig wird. Gott ist bestimmt klüger als so manche »wohlmeinenden« Eltern. Dafür »der ganze Aufwand mit der Welt und dem Leben«? Ich glaube, wohl eher nicht.

Zweites Szenario: Nehmen wir also an, wir wären in der Lage, immer und jederzeit unsere Engel zu hören. Sie stünden uns ununterbrochen beratend zur Seite und wir bekämen jedes noch so kleine Problem sofort beantwortet. Wir würden also keine Fehler mehr machen, sondern nur noch »das Richtige« tun. Das bedeutet: Wir hätten keine freie Wahl und auch keine Entscheidungsmöglichkeit. Alles, was wir tun müssten, wäre, zuzuhören und es dann prompt umzusetzen.

Doch was würden wir daraus lernen? Würde Gott uns wirklich auf diese Erde schicken, damit wir einzig und allein folgsames Zuhören lernen? Kann das der Sinn unseres Lebens sein?

Wir wissen, oder zumindest ahnen wir doch, dass es da einen größeren göttlichen Plan gibt. Und dieser Plan wird wahrscheinlich nicht heißen: »Du machst gar nichts, mein liebes Erdenkind, und ich, dein Engel, kümmere mich um alles.« Es gäbe keine Überraschungen mehr, und ein sehr voraussehbarer Ablauf unseres Lebens würde uns bestimmt auf Dauer langweilen – aber langweilig ist unser Leben weiß Gott nicht.

Eine Astrologin fragte meine Tochter Julia einmal, sie muss wohl um die zwölf Jahre alt gewesen sein, ob sie Voraussagen zu ihrem

Leben hören wollte. Sie schaute die Frau vollkommen entsetzt an und meinte: »Ja wozu denn das? Dann ist ja die ganze Überraschung vorbei!«

Und doch ertappe ich mich immer wieder dabei, dass ich einfach wissen will, wie sich die Dinge in meinem Leben entwickeln werden. Aber ich fürchte, meistens werden wir wohl warten müssen, bis der Zeitpunkt gekommen ist.

»Wozu sind die Engel also da«, mag sich der eine oder andere fragen, »wenn schon nicht zum Wunscherfüllen?«

Engel, wie gute Lehrer, sind dazu da, uns Rat zu geben. Uns die Richtung zu zeigen und uns im Leben und im Sterben zur Seite zu stehen. Wie gute Eltern ihren Kindern nicht alles abnehmen, so halten sich auch unsere Engel an die Regel, dass man, um etwas zu lernen, auch etwas zum Üben braucht.

Jede Sprache, jede Erfahrung und jede Verhaltensweise ist angelernt. Manches hat uns leichtfüßiger, anderes schwermütiger gemacht. Und häufig erkennen wir in der Rückschau, wie wichtig jede einzelne Erfahrung für uns war.

Wenn ich mit ehemaligen Krebskranken zusammen bin, bin ich immer wieder beeindruckt, mit welcher Klarheit sie über ihre Zeit der Krankheit sprechen. Ich höre fast ausschließlich, »dass die Krankheit auch ein Geschenk war«. Natürlich anstrengend und eine große Herausforderung – und doch, ein Geschenk. Meistens kommt diese Klarheit erst nach ein paar Monaten, nachdem man sich verlassen gefühlt und in Todesangst verzweifelt damit gerungen hat. Doch dann kommt der Punkt, da der Kranke seine Krankheit anders sieht.

Warum wird sogar eine solche Krankheit als Geschenk erlebt?

Vielleicht, weil wir uns für uns selbst Zeit nehmen mussten. Weil wir dabei unser Leben überprüft haben. Wir mussten uns mit unseren Ängsten auseinandersetzen und auch mit unseren Vorstellungen von uns selbst und unserem Leben. Dabei haben wir uns besser kennengelernt und nicht selten Veränderungen vorgenommen, die schon seit Jahren mehr oder weniger leise angeklopft haben. Plötzlich fingen wir an, darüber nachzudenken, was wir, was unsere Körper denn eigentlich brauchen, um sich wohl zu fühlen.

Alles im Leben verändert sich. Ob es uns passt oder nicht. Und je weniger wir gegen diese Veränderungen ankämpfen, desto leichter wird unser Leben sein. Und für all das braucht es Zeit. Und so beginnt auch dieses Buch mit »Zeit«. Ihrer, da Sie sich die Zeit nehmen, dieses Buch zu lesen, und sich den Engeln widmen. Meiner, in der das Manuskript geschrieben wurde. Und mit der Zeit der Stille. Mit der, so scheint es mir, irgendwie alles beginnt.

MIT ENGELN REDEN

*M*ir fällt auf, dass ich häufig für die Dinge, die ich wirklich gern mache, keine Zeit übrig habe. Alles Übrige scheint wichtiger zu sein. Und bis dann alles andere erledigt ist, ist mir die Zeit davongelaufen. In regelmäßigen Abständen nehme ich mir vor, wirklich neue Prioritäten zu setzen. Und zuweilen gelingt mir das auch. Für ein paar Wochen und manchmal – zu meiner Schande – nur für ein paar Tage.

Natürlich weiß ich, dass eine Beziehung zu einem neuen Menschen in unserem Leben sich nur dann vertiefen kann, wenn wir ihm oder ihr unsere Zeit widmen. Ein Talent kann sich nur entwickeln, wenn wir es üben. Ein Ziel kann sich nur manifestieren, wenn wir darauf hinarbeiten.

Die einzige Zeit, die ich mir regelmäßig nehme, ist meine Zeit der Stille mit den Engeln. Besonders am Anfang meines spirituellen Aufwachsens nahm ich mir dafür sehr viel Zeit. Ich war damals fasziniert von Leuten, die mit Engeln sprachen. Ich befand mich in einer tiefen menschlichen und beruflichen Krise und suchte nach jedem Strohhalm, der sich mir bot. Und wenn der Strohhalm eben ein Engel war, dann sollte es mir recht sein.

Wenn wir Hilfe brauchen – und bereit sind, ungewöhnliche Schritte zu tun –, dann öffnen sich unsere Augen für die Dinge, die hinter dem üblichen Horizont liegen. Wir sehen dann, was normalerweise nicht zu sehen ist. Doch zuerst ahnen wir nur, dass es da mehr gibt, als wir bisher angenommen haben; diese Sehnsucht führt uns auf unerforschtes Neuland. Mit dem »üblichen Horizont« meine ich all das, was in unserer westlichen Welt »ohne Kopfschütteln« hingenommen wird.

»Mit Engeln reden?« Diese Rückfrage wird recht häufig von einem Kopfschütteln begleitet. Natürlich glaube ich von mir, dass ich »normal« bin (wer glaubt das nicht von sich selbst?), und ich halte mich auch für recht bodenständig. Einige Leute werden mich wahrscheinlich für verwirrt oder vielleicht sogar für verrückt halten. Meine Tochter hält mich für pedantisch. Sie findet es unnormal, wie ich detaillierte Pläne mache, jede Reise Wochen vorher organisiere, meine berühmten To-do-Listen schreibe und zukünftige Ereignisse mit Hilfe meiner deutschen Gründlichkeit bis ins kleinste Detail vorbereite. Und mit genau dieser Gründlichkeit habe ich mich auf die Suche nach Engeln gemacht.

Ich las alles, was ich in die Finger bekommen konnte, meldete mich in Workshops an, traf Lehrer und Lehrerinnen, betete, meditierte und verbrachte viel Zeit in der Stille. Mir war klar, dass ich mich irgendwie verloren hatte, und ich wollte mich wieder finden und damit auch meinen Glauben, meinen Gott und ein Verständnis für andere – und ja, auch Verständnis für mich. Darüber habe ich einige Bücher geschrieben, und ich möchte dies hier nicht wiederholen. Dennoch mag es für Sie vielleicht interessant sein zu wissen, welches Verhältnis die Autorin zu ihrem Thema hat. Und was sie darüber glaubt und wie sie dazu gekommen ist.

Also, hier ist mein eigenes Glaubensbekenntnis: Ich glaube an Gott. Ich bin Christin im weitesten Sinne und achte alle Religionen und individuellen Glaubensbekenntnisse, doch ich selbst fühle mich mit Jesus am wohlsten. Ich glaube, dass wir alle Strahlen sind, die aus der Sonne Gottes kommen. Wir sind alle Kinder dieser Unendlichkeit und hier auf Erden, um Erfahrungen zu sammeln. Ich glaube an das ewige Leben, und ich glaube, wir leben es schon. Ich glaube an die Wiedergeburt. Das Immer-wieder-Kommen in einen neuen menschlichen Körper, mit Zeiten dazwischen, die wir mit Gott und den erlebten Erfahrungen verbringen, um sie zu verarbeiten und zu »verdauen«. Ich glaube, dass wir uns für jedes Leben bestimmte Erfahrungen aussuchen. In einem Leben möchten wir vielleicht erfahren, was es bedeutet, arm zu sein. In einem anderen wollen wir vielleicht die Einsamkeit erleben – oder die Berühmtheit. Manchmal wollen wir erfahren, was es bedeutet, viele Kinder zu haben; und manchmal wollen wir erleben, wie es ohne ist. In einigen Leben suchen wir die Gemeinsamkeit mit anderen und in anderen wieder Stille und Ruhe. In einigen verändern wir uns radikal, in manchen sind wir diejenigen, die betrügen und anderen Schmerzen bereiten. Wenn wir in die Welt geboren werden, legt sich ein Schleier des Vergessens über uns, damit wir auch wirklich tief in dieses Leben eintauchen können. Um im Kino alles richtig mitzuerleben, vergessen wir für etwa eineinhalb Stunden, dass wir Kinobesucher sind. Ein guter Film nimmt uns mit in seine Welt, und wir erleben und erfühlen ausschließlich, was da auf der Leinwand passiert. Das Leben macht das Gleiche. Ein spirituelles Erwachen ist das graduelle Erkennen dessen, was wir vergessen haben.

Wozu das Ganze? Wir sind hier auf Erden aus dem gleichen Grund, warum wir ins Kino gehen: Es ist spannend. Gleichzeitig entwickeln wir durch unsere Erlebnisse und Erfahrungen mehr Verständnis für andere. Wir trainieren unser Mit-»Gefühl« – nicht unser Mit-»Leid«, was nicht viel bringt, denn dabei leiden nur zwei statt einer Person. Je mehr Lebenserfahrungen wir haben, desto größer wird unser Mitgefühl. Und vielleicht ist das ja die Erfüllung einer großartigen Vision, denn je mehr Menschen auf diesem Planeten ihre Möglichkeit zum Mitfühlen vergrößern, desto schöner wird das Leben auf der Erde. Oder aber die Erde bleibt auch weiterhin ein herrlicher Planet zum Üben; und wenn wir uns umschauen, sieht es fast danach aus. Aber wer weiß das schon?

Ein spirituelles Leben bringt uns in erster Linie Selbsterkenntnis. Wir fangen an, über uns und unser Verhalten nachzudenken. Zarathustra, einer meiner Lehrer, sagte mir einmal: »Vor allen Dingen konzentriere dich auf das Gute, das Zweckmäßige und das Erwachen deiner selbst.« Wenn wir erwachen und anfangen, die Welt und unser Leben mit anderen Augen zu sehen, erkennen wir, welche Schritte wir unternehmen können, um uns zu verändern. Und die bessere Welt fängt bei uns an und zieht von dort ihre Kreise.

Unsere Engel begleiten uns auf diesem Weg und stehen uns zur Verfügung. Wir haben viele himmlische Begleiter. Jeder ist für seinen eigenen Aufgabenbereich zuständig, einer für das spirituelle Erwachen, ein anderer für die Überwindung unseres Jähzorns, ein weiterer für die Zeit der Stille oder einer für die Geduld – bei mir müssen da wahrscheinlich viele gleichzeitig daran arbeiten. Unser Schutzengel ist immer bei uns und begleitet uns durch alle Leben. Er oder sie (Engel brauchen kein Geschlecht) halten ein Bild von uns hoch, wie wir sein können. Und dieses Bild, dieses Licht leuchtet uns durch unser ganzes Leben. Schutzengel beschützen uns nicht vor den Erfahrungen, die wir als Seele machen wollen. Schließlich würden wir nichts dazulernen (Sie erinnern sich). So ist unser Schutzengel unser »besseres Ich«, die Idee und die Wunschvorstellung, die wir von uns selbst haben.

Engel kommunizieren nicht mit uns, indem sie uns Anweisungen geben, denen wir folgen müssen. Sie machen Vorschläge. Wie bei diesen phantastischen Autonavigationssystemen.

Ich liebe Autonavigationssysteme. Man gibt ein bestimmtes Ziel ein, und dann kommt man auf dem besten Weg dort an. Das Navigationssystem sagt mir an bestimmten Kreuzungen, wann ich wohin abzubiegen habe. Und selbst wenn ich mich verfahre und eine Abzweigung verpasst habe, zeigt es mir in Sekundenschnelle eine spätere Abzweigung, die mich auch zu meinem gewünschten Ziel bringt. Ist das nicht großartig?

So ähnlich empfinde ich das bei der Begleitung der Engel. Sie sagen uns immer und immer wieder, wo wir abbiegen können; und wenn wir es dieses Mal nicht tun, dann schlagen sie uns sofort eine spätere Abzweigung vor. Sie vertrauen darauf, dass wir irgendwann schon einmal abbiegen. Sie warten und wiederholen ihre Anregungen immer und immer wieder, egal, wie lange es bei uns eben dauert.

Dabei werden die Engel natürlich weder kurz angebunden noch verlassen sie uns, weil wir zu dumm sind, um ihren Anregungen zu folgen. Sie haben nun mal die unendliche Geduld, ein Geschenk Gottes, das ich auch sehr gern hätte. Unsere Engel sind allerdings sehr viel leiser als das Navigationssystem (übrigens auch sehr viel billiger) und noch dazu um ein Vielfaches einfacher in der Bedienung. Es braucht nur Stille, eine Wärme im Herzen, die durch das Sehnen, das Wünschen danach entsteht – und etwas Zeit.

Engel sind nicht die laute innere Stimme, die wir manchmal hören. Engel sprechen leise zu uns, und manchmal müssen wir erst warten, bis die laute Stimme verstummt ist, um die Stille dahinter zu hören. Natürlich kommt hier die Gretchenfrage, die sich wohl jeder stellt: Wann weiß ich, dass ich mir das nicht nur eingebildet habe, sondern dass da wirklich mein Engel zu mir spricht? Das erfahren wir einfach nur durch Ausprobieren. Je mehr wir uns darauf verlassen können, dass wir das, was leise in uns widerhallt, auch von den Engeln kommt, desto einfacher ist es. Dabei fordert Gott von uns kein blindes Vertrauen. Wozu hat er uns sonst einen Verstand mitgegeben? Wir lernen nur durch ebenjenes Ausprobieren, ob dieser Rat denn nützlich war. Ansonsten gibt es keine Bestätigung.

Tut mir leid.

Ich hätte auch gern eine.

Ich glaube an Gott, und ich glaube an die Hilfe unserer Engel. Das Leben ist ein Miteinander. Die Engel geben uns Ratschläge, Vorschläge (wie immer Sie das nennen wollen), und es liegt an uns, diese umzusetzen. Das ist nicht immer einfach.

Ein wahres und tiefes spirituelles Leben wird immer errungen. Es liegt nicht mit einer goldenen Schleife unter dem Weihnachtsbaum. Unser Leben verändert sich nicht, weil wir ein bestimmtes Gebet sprechen, uns nach dem Feng-Shui einrichten oder Mantras vor uns hin murmeln. Unser Leben verändert sich nur dann, wenn wir wirklich etwas dafür tun. Dabei helfen uns Gebete, Feng-Shui und Mantras. Allein können sie wenig ausrichten.

Dieses Buch ist zum Üben da. Es möge uns immer wieder daran erinnern, warum wir Engel haben: Sie sind da, um uns zu begleiten. Im Leben und wenn wir es verlassen. Ich hoffe natürlich, dass noch viele Jahre vor uns allen liegen und wir, wenn wir dieses Leben verbessern wollen, die Möglichkeit haben, verschiedene Schritte zu unternehmen. Denn mit der göttlichen Hilfe gelingt es uns, ein Leben zu erschaffen, das uns mehr Erfüllung bringt.

Übrigens: Ich war nicht besonders spirituell begabt. Ich hatte als Kind keine phantastischen Visionen oder regelmäßigen himmlischen Besuch. Ich sehe keine Engel und habe eine Intuition wie wahrscheinlich jeder andere auch. Ich habe also weder besondere Gaben noch besondere Talente, die mich dazu auserwählten, leichter mit Engeln zu kommunizieren. Ich bin einfach nur neugierig. So wie Sie. Und diese Neugierde ist es, die uns auf den ersten Schritt vorbereitet. Gott hat die Kommunikation mit Engeln nicht ein paar wenigen Auserwählten vorbehalten. Sie ist für alle da. Der zweite und entscheidendere Schritt ist unsere Bereitschaft, es auch auszuprobieren. Das erfordert Mut. Nicht nur still zu leiden oder zu jammern, sondern auch wirklich etwas anders machen. Unsere früheren Verhaltensweisen haben uns in unsere jetzige Situation geführt. Wenn wir also diese Situation verändern wollen, müssen wir unsere Verhaltensweisen verändern, denn sonst erschaffen wir immer wieder die gleiche Situation. Logisch, nicht wahr? 1 und 1 ist 2. Und wenn uns 2 als Ergebnis nicht gefällt, müssen wir einen der beiden »1er« ändern. Das ist selten leicht, denn schließlich haben wir unsere Angewohnheiten häufig seit vielen Jahren, da mag es schon ein paar Monate dauern, bis wir Dinge durch neue Verhaltensweisen verändern. Aber ich denke mir immer: Ich kann etwas nur beurteilen, wenn ich es ausprobiert habe; und vielleicht haben Sie ja Lust, dieses Engelerlebnis auszuprobieren.

Engel reden mit uns nicht in einer fremden Sprache oder seltsamen Dialekten. Es sind leise, stille Gedanken, die von ihnen zu uns kommen. Manchmal im Gebet, beim Autofahren oder sogar beim Duschen. Viele von Ihnen, liebe Leserinnen und Leser, sind bestimmt schon seit Jahren in Kontakt mit Engeln und möchten einfach nur eine weitere Möglichkeit ausprobieren. Für die anderen, die sich für einen Austausch mit den Engeln zum ersten Mal öffnen: Es ist spannend und aufregend, auf unsere Engel zu hören. Sie werden es ja selbst erleben.

Bitte erlauben Sie mir, noch eine kleine Empfehlung zum Umgang mit Ihrem Partner anzufügen, die mir persönlich sehr am Herzen liegt. Während der ersten Jahre auf meinem spirituellen Weg entschloss ich mich zu der einen oder anderen Verhaltensweise, die ich im Nachhinein für verbesserungsfähig halte.

Statt ein unabhängiges spirituelles Leben zu führen, lassen Sie Ihren Partner daran teilnehmen. Das heißt nicht, dass er das machen muss, was Sie tun. Das heißt nicht einmal, dass er es akzeptiert. Das heißt nur, dass er nicht ausgeschlossen wird. Es ist für den anderen, der diesen Prozess nicht macht und uns dabei beobachtet, häufig mit großen Ängsten verbunden: Was passiert da gerade mit meiner Frau? Oder wohin entwickelt sich mein Mann?

Bitten Sie die Engel um Vermittlung und Verständnis. Für beide. Und geben Sie vor dem anderen ruhig zu, dass einige Sachen wirklich seltsam sind in dieser spirituellen Szene. Dazu habe ich im Anhang auch noch ein kleines Kapitel zum Thema »Vorsicht« angefügt. Vielleicht mag es Ihnen nützlich sein.

DIE BENUTZUNG DES BUCHES

*D*ieses Buch ist eingeteilt in drei Bereiche: »Gebete«, »Übungen« und »Lösungswege«. Sie finden an den Seitenrändern Griffmarken, die die einzelnen Bereiche markieren.

Das Gebet empfinde ich entweder als tägliche Kontaktaufnahme oder als Vorbereitung auf mein Gespräch mit Gott und den Engeln. Meine Gebete versuche ich nicht als Hilferufe zu schicken – obwohl es gelegentlich unvermeidbar passiert –, sondern eher als Dank für das, was ich habe. Und selbst wenn es mir schwerfällt: Dank für die neue Herausforderung mit dem Wunsch nach Verständnis dafür.

Eine meiner wichtigsten Fragen ist immer die »Warum«-Frage. Da ich annehme, dass es stets Gründe für alles gibt, möchte ich die gern kennen. Allerdings kommen meine »Warums« nicht in Sätzen wie den folgenden vor: »Warum passiert das immer nur mir?« oder »Warum habe ich nie Glück im …?« Das sind keine Fragen, sondern eher Beschwerden. Ich bin sicher, Sie kennen den Unterschied.

Ich versuche, meine Tage mit einem Gebet zu beginnen; und für diesen Fall sind einige Gebete als Vorschläge auf den Gebetsseiten. Benutzen Sie die Abteilung Gebete, wenn Sie keine Übungen machen wollen und auch keine Lösungswege zu einem bestimmten Problem benötigen. Doch an manchen Tagen brauchen wir mehr.

Wer kennt nicht das Gefühl des erschöpften Aufwachens, wenn man den Kloß im Hals oder die Schwere im Magen schon vor dem ersten Augenaufschlag fühlen kann? Mal wieder liegt ein Tag vor uns, der eine noch nicht geklärte Herausforderung mit sich bringt. Nicht selten eine, die uns schon lange das Leben schwermacht. Falls Sie einen dieser Tage erleben sollten, dann nehmen Sie bitte das Buch in die Hand und bewegen Sie Ihren Daumen im Bereich der Markierung »Lösungswege«. Schließen Sie die Augen, atmen Sie ein paar Mal tief ein und aus und hören Sie Ihrem Atem zu, bis Sie entspannt sind. Sprechen Sie dann entweder Ihr eigenes Gebet, eines, das Ihnen besonders gut gefällt, oder das, welches auf Seite 7 am Anfang des Buches geschrieben steht. Ein »Vaterunser« hilft hier auch immer sehr. Wenn Sie Ihr Herz spüren, dann bitten Sie mit Ihren eigenen Worten, dass Ihre Finger die richtigen Seiten öffnen, die Sie bei der Lösung dieser Herausforderung unterstützen soll. Dann wählen Sie bitte mit geschlossenen Augen eine Seite. Lesen Sie sie einmal durch. Atmen Sie noch einige Male tief ein und aus und lesen Sie dann die Seite ein zweites Mal. Seien Sie sich dessen bewusst, was Ihnen so durch den Kopf geht. Wenn Sie Lust haben – und vor allen Dingen die Zeit –, können Sie sich Ihre Gedankengänge dazu auch aufschreiben. Die Information auf dieser Seite hat einen Vorschlag für Sie, den Sie anwenden können.

Es ist mir ein eigenartiges Phänomen aufgefallen, das häufig eintritt, wenn man gerade eine Entscheidung getroffen hat. Hierzu ein Beispiel: Sie haben sich nach langem Hin und Her entschlossen, Ihren mittlerweile ungeliebten Beruf aufzugeben. Just in dem Moment, in dem Sie sich »eigentlich« für einen neuen Job entschieden haben, kommt ein verlockendes Angebot aus dem bisherigen Betätigungsfeld. Oder Sie haben sich gerade von Ihrem Freund getrennt, und zwei Wochen später kommt genau »der Gleiche in Grün« und verdreht Ihnen den Kopf.

Wenn wir etwas gelernt haben, dann gibt es diverse Methoden, nachzuprüfen, ob wir es denn auch wirklich kapiert haben. Es wird uns also noch mal präsentiert. Häufig auch dann, wenn wir uns ein bisschen verzweifelt fühlen. Das Neue hat sich noch nicht entwickelt: Wir sind wie die Segler in einer Flaute, in der das

Segel den neuen Wind noch nicht bekommen hat, aber der alte Wind schon weg ist. Dann kommt da »der alte Wind« noch mal hoch, um uns dazu zu verlocken, dass wir uns wieder umdrehen. Alles das, um nachzuschauen, ob wir es wirklich schon verstanden haben. Das mag ruhig noch zwei-, drei- oder viermal passieren, dass wir uns doch noch einmal zurückdrehen. Und dennoch merken wir nach kurzer Zeit jedes Mal erneut, dass wir genau das wieder machen, was wir eigentlich nicht mehr tun wollten. Irgendwann einmal lösen wir uns dann doch davon, und die Engel warten mit unglaublicher Geduld dabei und begleiten uns.

Wie immer ist jede Hilfestellung unserer Engel stets auch nur ein Angebot. Es liegt an uns, ob wir es als passend empfinden und ob wir es ausprobieren wollen. Ich bin eine von der »ausprobierenden Sorte«, natürlich immer nur dann, wenn es legal, ehrenhaft und schmerzfrei ist. Wobei sich »schmerzfrei« nicht auf schmerzfreie Erfahrungen bezieht. Die gibt es nicht in allen Fällen. In meinem Leben ist es so, dass die wichtigsten Erfahrungen immer mit einigen Schmerzen errungen worden sind.

Wir lernen aus Erfahrung, und dazu gibt es ausgesuchte Übungen. Experten wissen, dass sich ein Thema über das Lesen, Sehen oder Hören weniger einprägt. Was sich dagegen am meisten einprägt, ist die eigene Erfahrung damit. Und darum geht es bei den Übungen. Wenn uns keine Herausforderung erwartet und wir gern etwas für unsere Weiterentwicklung tun möchten, dann können wir uns hier inspirieren lassen.

Gelegentlich war es für mich schwierig, die Vorschläge in die Kategorien einzuordnen. Manches von dem, was in den Gebeten vorkam, hätte genauso gut in den Übungen oder Lösungswegen erscheinen können. Einiges ist sich ähnlich. Mir hat es stets geholfen, Dinge immer und immer wieder zu üben. Je mehr wir üben, desto leichter fällt es uns. Wenige davon sind deswegen doppelt und werden, im selben Wortlaut, in zwei Abteilungen aufgeführt. Eine Freundin aus der »Testgruppe«, die die erste Ausführung als Kartenset vorher ausprobiert hat, legte sie lieber alle auf einen Stapel und zog sich jeden Tag etwas. Das können Sie natürlich mit dem Buch genauso machen. Es mag nur eventuell etwas schwieriger sein, die Anregungen der Lösungswege richtig einzusetzen, da man sich ja auf keine Herausforderung konzentriert hat. Eine andere Freundin nahm sich gleich drei auf einmal. Wie sie sehr schnell feststellte, war das zu viel. Auch ich möchte Ihnen dringend empfehlen, sich wirklich nur eine pro Tag vorzunehmen.

Ich würde mich freuen – und ich hoffe, die Engel auch –, wenn Ihnen dies alles nützlich ist. Ich wünsche Ihnen aus tiefstem Herzen viel Freude, Kraft und Erfolg bei der Neuerschaffung Ihres Lebens.

Von Engeln begleitet gibt es auch als Box, bestehend aus Buch, 89 Karten und einem Satintuch. Hier haben Sie »nur« das Buch, und bis auf das Satintuch, das auch als Altartuch benutzt werden kann, und die Karten ist die Information die gleiche.

GEBETE

*E*in Gebet ist für mich ein Gespräch mit Gott. Ich hatte viele Jahre Schwierigkeiten mit dem von mir verstandenen Gottesbild, und das Wort »Gott« kam mir lange nicht über die Lippen. Die Engel waren mein erster Schritt auf dem Weg zurück zu Gott. Sie können natürlich, wie ich auch, beim Gebet gern beides sagen: »Lieber Gott, liebe Engel.«

Das Gottesbild des Neuen Testaments liegt mir wesentlich näher als das des Alten. Jesus spricht von Gott als liebendem Vater, ein zur damaligen Zeit revolutionärer Gedanke. Gott fürchtete man mehr, als dass man ihn liebte. Für mich ist Gott die unendliche liebende Kraft, aus der wir alle kommen. Über Jahre bemühte ich mich, Gott selbst zu erfühlen, um zu unterscheiden, was Gott für mich ist und was ich gelehrt worden war.

In einem Gebet nähern wir uns der Unendlichkeit – eben Gott – in einem intimen Austausch. Ich glaube nicht, dass wir »Stiefkinder« sind, die sich die Aufmerksamkeit von Gott erbetteln oder erflehen müssten. Gott ist der beste Vater und die beste Mutter, die man sich vorstellen kann, und wir würden unsere Kinder ja auch nicht ignorieren.

Obwohl ich tiefe Demut in jedem Gebet empfinde, ist ihr Ursprung nicht der, dass ich mich klein und ungeliebt fühle, sondern ich verbeuge mich vor der Unendlichkeit, von der ich zwar ein Teil, aber nicht der Ursprung bin. Wenn ich also bete, bedanke ich mich immer zuerst für die Innigkeit, die mir geschenkt wird, und die Wichtigkeit, die ich, wie jeder andere, vor Gott habe. Wir werden gehört. Manchmal werden unsere Wünsche nicht erfüllt, weil es für uns nicht gut ist. Obwohl wir das häufig in dem

Moment nicht erkennen können. Wenn wir also etwas nicht bekommen, dann heißt das keineswegs, dass die Engel oder Gott uns nicht zugehört hätten; es heißt nur, dass wir etwas Besseres dafür erhalten. Etwas, was wir – als Seele – wirklich brauchen.

Wenn wir viel beten und viele Wünsche haben, dann nehmen wir niemandem etwas weg. Es ist auch nichts zu klein oder zu groß für ein Gebet. Es muss uns nur bewusst sein, dass wir – zusammen mit Gott – dieses Leben erschaffen, und wir müssen eben auch unseren Teil dazu beitragen, die Basis dafür zu schaffen, dass diese Wünsche auch erfüllt werden können.

Ich bete häufig für andere, aber nie für einen bestimmten von mir vorgestellten Ausgang. Da ich nicht ahnen kann, was das Beste für die Person ist, für die ich bete, bitte ich um Gottes Beistand und Führung und um die liebevolle Begleitung unserer Engel.

ÜBUNGEN

*D*iese Übungen sind zum Teil sehr intensiv. Und da wir ja auch noch ein Alltagsleben haben, das unsere volle Aufmerksamkeit erfordert, mag für eine Übung nicht immer der richtige Zeitpunkt sein. Entscheiden Sie sich also nur dann für eine Übung, wenn Sie auch Luft haben, um sich auf die vorgestellten Ideen zu konzentrieren. Sind Sie schon extrem erschöpft oder gefordert, ist es ungesund, noch eine zusätzliche Belastung in den Tag aufzunehmen – und nicht im Sinne der Engel, glauben Sie es mir.

Wenn wir uns auf den spirituellen Weg machen, sind wir nicht selten so begeistert davon, dass wir uns zu viel zumuten. Mehr als eine Übung am Tag oder vielleicht auch jeden Tag eine Übung ist aber wahrscheinlich zu viel, außer Sie befinden sich auf einem Erholungsurlaub oder wochenlang auf einer Bergspitze …

Gönnen Sie sich Ruhepausen. Wir haben noch unser ganzes Leben, um diese Übungen zu machen; und es muss nicht alles gleich erledigt werden. Ein erfülltes Leben ist auch immer ein entspanntes. Und wenn wir uns zu viel aufladen, dann ist es mit der Entspannung ohnehin erst einmal vorbei. Unser Körper wie unser Verstand brauchen auch Erholungszeiten, deshalb bitte ich Sie von Herzen, sich selbst nicht zu sehr zu drängen.

LÖSUNGSWEGE

*E*in Lösungsweg ist eine Strecke, die wir gehen müssen und die uns dann zu einer Lösung bringt. Manchmal verändern sich unsere Vorstellungen oder Gedanken auf so einem Lösungsweg. Wir lernen dazu, wir erleben mehr, wir wachen auf. Und etwas, was uns noch wenige Tage zuvor als ideale Lösung erschien, mag auf der Hälfte des Weges schon nicht mehr so sein.

Wenn Sie sich in einer herausfordernden Lebenssituation wiederfinden, wählen Sie bitte nicht für jeden Tag einen neuen Lösungsweg. Fühlen Sie in sich hinein, wie lange die erstmals aufgeschlagene Seite und deren Hinweise Gültigkeit haben. Kaum ein Weg kann an einem Tag begonnen und beendet werden. Manchmal dauert es länger, bis wir in Gedanken und mit unserem Herzen die nötigen Erkenntnisse ziehen und dann auch die notwendigen Schritte gehen. Wenn Sie merken, dass Ihnen eine aufgeschlagene Seite nicht gefällt, denken Sie bitte daran, dass jeder Lösungsweg seinen Grund hat und wenn uns etwas besonders unangenehm ist, wird es genau das sein, was wir uns anschauen müssen. Leider – und doch: Gott sei Dank. Ich musste immer wieder feststellen, dass gerade die Dinge, die für mich am schwierigsten waren, mir so viel an Klarheit und Frieden gebracht haben, dass es die gelegentliche Aufregung und Anstrengung auf jeden Fall wert war. Es ist ähnlich wie beim Aufräumen: Ist mal alles sauber, fühlen wir uns einfach richtig wohl und sind stolz darauf, dass wir das geschafft haben.

Gebete

Liebe Engel,
helft mir dabei,
mein eigenes persönliches Gebet
zu schreiben.

*E*in Gebet ist ein ausgesprochenes Gefühl. Nur dann hat es die Tiefe, die wir ihm mitgeben wollen. Was ist es, was wir in unserem persönlichen Gebet Gott und den Engeln sagen wollen?

Als ich anfing, meine ersten persönlichen Gebete zu formulieren, wurde mir sehr viel klarer, was ich mir eigentlich von einem engen Kontakt mit den Engeln und Gott erwünschte. Ich habe auch sehr früh mit meiner damals fünfjährigen Tochter eigene Gebete erschaffen. Ich kann mich nicht mehr so genau erinnern, aber sofern mich mein Gedächtnis nicht trügt, fragte ich sie immer zuerst, wie ihr Engel denn heiße, woraufhin sie mir einen Namen nannte, der ihr in den Sinn kam. Danach fragte ich sie, was sie dem Engel denn sagen wolle, und dann kam ein Gedanke von ihr.

Ich hatte damals bestimmte Morgen- und Abendgebete. Häufig waren meine Morgengebete Wünsche, wie ich mich denn tagsüber verhalten wollte. Oder ich bat um Erinnerungen, weil ich bestimmte Verhaltensweisen ändern wollte. Abendgebete waren Danksagungen für den vergangenen Tag oder auch Fragen, wenn etwas passiert war, was ich nicht einordnen konnte. Dann gab es Zeiten, in denen ich merkte, dass meine Gebete nicht mehr passten. Wie das Leben sind häufig auch unsere Gebete einem bestimmten Wachstum ausgesetzt. Warum auch nicht? Dieser Wandel sorgt dafür, dass wir ein aktuelles Zwiegespräch mit Gott und den Engeln führen und dabei wachsam sind.

Lieber Gott,
bitte trenne alle zwischenmenschlichen
Verbindungen, die nicht göttlicher Natur sind,
und schick sie dem Sender zurück.

Wir sind alle miteinander verbunden. Wie ein Stein auf einem klaren See seine Kreise zieht, so haben wir einen Effekt auf unsere Mitmenschen. Wir brauchen nur in einen Raum zu gehen, in dem man sich zur Trauer versammelt hat, und die Schwere dieses Gefühls lässt sich sofort erspüren. Gelegentlich ergibt es sich, dass sich jemand »energetisch an uns dranhängt«. Er oder sie mag sich selbst schwach fühlen und steckt sich bei uns ein, wie ein schwacher Akku an einer Steckdose wieder aufgeladen werden will. Natürlich gibt es bestimmte Verbindungen dieser Art, die wir zulassen: das Kind, das krank ist, oder der Ehepartner, der gerade Unterstützung braucht. Manchmal allerdings lassen wir zu viele an uns anhängen und schwächen uns damit. Es nutzt dem anderen nicht, langfristig nur von unserer Kraft zu tanken. Dadurch entsteht eine Abhängigkeit, die weder ihm noch uns weiterhilft. Was der andere braucht, ist seine eigene Verbindung mit Gott. Es ist wichtig, dass der fremde Stecker, der in unserer Steckdose sitzt, herausgezogen wird und sich bei Gott die Kraft holt. Dazu ist dieses Gebet da.

Normalerweise bete ich dieses Gebet nur für mich, denn ich achte den Seelenweg des anderen. Ich bete sehr häufig für andere, aber da nie um ein bestimmtes Ergebnis, sondern um Kraft, die Unterstützung der Engel und eine rasche Erkenntnis (siehe Gebet 17). Bei diesem Gebet gibt es eine Ausnahme: Eltern können es für ihre Kinder beten. Ich habe es zu einer Zeit für meine Tochter gesprochen, als ich das Gefühl hatte, dass sie ein bisschen verloren war. Sie war als Teenager vielen Einflüssen ausgesetzt, und ich hatte den Eindruck, dass einige – nicht besonders wohlwollende – sie zu sehr beeinträchtigten. So bat ich mit diesem Gebet, dass nur die zwischenmenschlichen Beziehungen für meine Tochter bestehen blieben, die göttlicher Natur sind. Ich hatte dabei weder bestimmte Freunde noch Verbindungen im Auge. Ich vertraute darauf, dass Gott und die Engel schon wissen, welche Einflüsse vermieden werden sollten. Das passierte auch: Kurz danach zogen sich »plötzlich« einige Freunde zurück, und Julia sah einige Freundschaften plötzlich klarer. Ich habe es mit großer Dankbarkeit bemerkt.

Noch eine Erklärung zu dem Wort »göttlich«. Natürlich ist alles göttlich, da wir ein Teil des Göttlichen sind. Dieses hier bezieht sich auf diejenigen Einflüsse, deren Göttlichkeit verdunkelt ist.

Dieses Gebet ist auch bei Herausforderungen sehr nützlich und erscheint deshalb ebenfalls in der Rubrik »Lösungswege« (8).

Liebe Engel,
bitte zeigt mir heute das,
was ich an mir
noch verbessern kann.

*W*ann immer ich dieses Gebet ausspreche, habe ich einen vollen Tag vor mir. Meistens vergesse ich das Gebet so irgendwie gegen Mittag und wundere mich nur, warum heute alles zusammenkommt. Fast jeder Austausch war anstrengend oder erforderte meine höchste Geduld. Erst am Abend fällt mir mein Gebet wieder ein, und nicht selten lache ich dann laut los.

Mir fällt es zum Beispiel schwer, den Dingen ihren Lauf zu lassen. Am liebsten will ich alles sofort erledigt haben. Es ist eine große Herausforderung für mich, auf meiner Liste von Unerledigtem nicht zügig durchzukommen. Doch manches lässt sich nicht an einem Arbeitstag erledigen.

An den Tagen, an denen ich dieses Gebet spreche, quillt innerhalb von ein paar Stunden der Zettel über. Sachen gehen kaputt, Leute rufen nicht zurück, und ich rudere verzweifelt, um alles wieder »in Ordnung« zu bringen. So zeigen mir die Engel, dass ich mich dadurch immer noch aus der Ruhe bringen lasse, und zwingen mich, durch das Übermaß an Dingen, die noch zu erledigen sind, mich endlich darauf zu besinnen, dass morgen auch noch ein Tag ist.

Das soll Sie übrigens nicht erschrecken. Es geht nicht darum, dass uns etwas Furchtbares passiert. Es sind eher Kleinigkeiten, die wie ein steter Tropfen unseren Stein aushöhlen. Es sind ja auch in der Regel »Kleinigkeiten«, die es an uns zu verbessern gibt, nicht wahr?

Liebe Engel,
ich bedanke mich heute
bei allen Männern in meinem Leben.

$\mathcal{D}$er erste Mann in unserem Leben war unser Vater. Und was immer seine Seelenaufgabe und die Herausforderung seiner Persönlichkeit war oder ist, er hat uns geprägt. Möge es Dankbarkeit oder Zorn sein, der sich mit dem Gedanken an unseren Vater verbindet, er war der erste Mann für die Töchter und das Vorbild für die Söhne.

Was ist daraus geworden? Haben wir den gleichen Typ später als Mann ausgesucht? Es zieht uns an, was uns vertraut ist. Gerade bei der Partnerwahl. Im Idealfall ist der Vater großartig gewesen, und mit einem ähnlichen Typus verbunden zu sein, ist wahrhaftig ein Glücksfall. Manchmal ist es allerdings ganz anders: Es mag ein kontrollierender, ein distanzierter Mann oder ein Alkoholiker sein, den wir uns aus Gewohnheit aussuchen.

Dieses Gebet muss nicht nur unserem Vater gelten, sondern all den Männern, die sich in unserem Leben befinden und uns unterstützen. Vom Automechaniker, der uns immer hilft, wenn es mal wieder »brennt«, über den Arzt oder Taxifahrer bis hin zum Nachbarn oder Kollegen. Heute gibt es für all diese Männer ein Dankeschön. Nein, kein heimliches. Ein öffentliches. Falls es uns ganz schwer fallen sollte, dann können wir es ja bei nur einem üben. Wenn wir mutiger sind, dann bei allen, die uns heute begegnen und die uns jetzt oder früher geholfen haben. Diese Übung kann ja immer wiederholt werden.

Einer meiner Lehrer sagte mir mal, dass es die Aufgabe der Kinder ist, die genetischen Vorgaben ihrer Eltern um eine Stufe zu verbessern. Wir entdecken Eigenschaften an uns, die uns schon bei unseren Eltern nicht gefallen haben. Also, lasst uns gnädig sein. Mit uns und mit ihnen.

Liebe Engel,
ich bedanke mich heute
bei allen Frauen in meinem Leben.

*U*nsere Mütter! Geliebt, verachtet, geduldet, verehrt. Alle Gefühle der Welt versammeln sich bei unseren Müttern. Mutter und Vater haben uns geprägt und uns vieles gelehrt. Einer meiner Lehrer hat einmal gesagt: »Es gibt keine Mutter und keinen Vater auf der Welt, die ihr Neugeborenes auf dem Arm halten und denken: ›Mal sehen, wie ich dieses Kind verhunzen kann.‹«

Unsere Eltern haben ihr Bestes getan. Aber vielleicht war das Beste nicht annähernd gut genug. Diejenigen unter uns, die jetzt selbst Eltern sind, wissen, wie viel es braucht, ein solches Menschenkind mit Liebe großzuziehen. Auch Mütter sind Menschen.

Damit tröste ich mich gelegentlich, wenn mich meine eigene Tochter mal wieder so anschaut, als ob ich gerade den Verstand verloren hätte.

Haben wir den gleichen Typ später als Frau ausgesucht? Als Kol-

legin? Es zieht uns an, was uns vertraut ist. Gerade in der Partnerwahl.

Heute wollen wir uns bei den Frauen in unserem Leben bedanken, die uns Wärme und Unterstützung geben. Aber auch bei
denjenigen, die uns fordern. Die manchmal unbequem sind und
uns zuweilen bis zur Weißglut reizen.

Wir bedanken uns bei den Frauen nicht nur im Gebet und in der
Stille der eigenen Meditation, sondern auch »im richtigen Leben«: Das mag ein Anruf an die eigene Mutter sein, ein unerwar-
teter Brief, ein Dankeschön an die Kollegin, die so häufig ein-
springt, die nette Busfahrerin, die immer wartet, wenn wir
schnaufend um die Ecke kommen.

Es gilt hier dasselbe wie in Gebet 4 gesagt, nämlich dass es die
Aufgabe der Kinder ist, die genetischen Vorgaben ihrer Eltern
eine Stufe zu verbessern. Wir entdecken Eigenschaften an uns,
die uns schon bei unseren Eltern nicht gefallen haben. Also, lasst
uns gnädig sein.

Mit uns und mit ihnen.

Liebe Engel,
ich bedanke mich heute für alles,
was funktioniert.

Wie häufig merken wir erst, wie schön es war, dass uns nichts weh getan hat, weil uns gerade etwas schmerzt. Wir haben vollkommen vergessen, uns unseres gesunden Körpers zu erfreuen, während wir gesund waren. Wir haben es nicht genossen, dass wir uns ohne Schmerzen bewegen konnten, uns nicht schlapp gefühlt haben und keine Kopfschmerzen hatten.

So geht es uns mit vielen Dingen: Wir merken häufig gar nicht, wie gut es uns geht. Da mag es ein großes Problem geben, das uns vollkommen gefangen hält, und wir erkennen nicht, dass wir aber gleichzeitig auch von vielen wunderbaren Dingen umgeben sind, die trotzdem ganz herrlich funktionieren!

Wir sind krank, und doch haben wir viele Leute, die sich um uns kümmern. Wir sind arbeitslos, und doch haben wir auch Zeit, um uns zu überlegen, was wir eigentlich mit dem Rest unseres Lebens machen wollen. Wir suchen nach einem Lebenspartner, fühlen uns ungeliebt und sehen nicht die lieben Freunde, die uns ihre Liebe anbieten.

Irgendjemand sagte mal, dass wir jetzt mehr Macht haben als früher Könige. Wir können zum Beispiel mit einem Menschen sprechen, der sehr weit weg lebt, einfach indem wir das Telefon abheben. Wir können heute Länder am anderen Ende der Welt innerhalb von wenigen Stunden betreten, wohin die Reise früher Wochen gedauert hätte. Wir drücken einfach auf einen Schalter an der Wand, und da ist Licht. Jemand hat all die Nachrichten im Fernsehen für uns zusammengesammelt, und wir können uns bequem auf die Couch setzen und sie sogar sehen. Ist das nicht phantastisch?

Möge heute so ein Tag sein, an dem uns all die großen wie die kleinen Dinge auffallen und wir uns daran erfreuen können.

Was verändert sich in unserem Leben, wenn wir diese Dankbarkeitsgefühle häufiger spüren? Wir können uns leicht vorstellen, dass wir uns sehr viel wohler und glücklicher fühlen. Mit diesem Aufmerksamkeitstraining haben wir nicht mehr das Gefühl, dass die Welt gegen uns ist. Im Gegenteil, wir können erkennen, wie viel es gibt, was uns tagtäglich unterstützt. Ein herrlicher Zustand!

Das »Vaterunser«

Viele von uns sind mit dem Vaterunser aufgewachsen. Dieses Mal wollen wir es ganz langsam sprechen und so jedes Wort wirklich erleben. Es gibt kein automatisches Heruntergerassel. Wir wollen fühlen, was wir sagen.

Für einige von uns ist das Vaterunser eine Herausforderung. Da mag es das »Und vergib uns unsere Schuld« sein, das uns stört, oder ein »Erlöse uns von dem Bösen«. Ich habe vor Jahren mein Vaterunser etwas umgewandelt, und damit fühle ich mich wohler. Ich habe in diesem Buch beschlossen, es nicht aufzuschreiben, denn das würde nur eine unnötige Beeinflussung darstellen. Überlegen Sie selbst, was Sie an dem Gebet behalten wollen und was Sie verändern möchten. Fragen Sie die Engel um Hilfe.

Nein, ich empfinde es nicht als Blasphemie, Gebete zu ändern. Sie sind, wie wir wissen, vor Jahrhunderten übersetzt worden; und wer weiß, wie gut die Übersetzung war. Ich verlasse mich auf meine eigene tiefe Stimme und das Wissen, dass ich mit tiefer Liebe zu Gott und Jesus dieses Gebet achte. Ich habe mehr als einmal beim Sprechen darüber geweint und liebe es sehr.

Wenn Ihnen das Vaterunser nicht vertraut ist oder falls Sie sich nicht mehr ganz erinnern sollten, hier ist es noch mal:

»Vater unser im Himmel,
geheiligt werde dein Name.
Dein Reich komme,
dein Wille geschehe
wie im Himmel, so auf Erden.
Unser tägliches Brot gib uns heute
und vergib uns unsere Schuld,
wie auch wir vergeben unseren Schuldigern.
Und führe uns nicht in Versuchung,
sondern erlöse uns von dem Bösen.
Denn dein ist das Reich und die Kraft und die Herrlichkeit
in Ewigkeit. Amen.«

Liebe Engel,
bitte schickt mir jemanden,
von dem ich lernen kann.

*E*ine der häufigsten Fragen, die mir immer wieder gestellt werden, ist die nach einem guten Lehrer oder einer guten Lehrerin. Wer kann mir das zeigen, was jetzt im Moment für mich wichtig ist?

Lehrer sind in der Regel nur für eine Weile da. Sie werden dann, wenn wir etwas verstanden haben, meistens von jemand anderem abgelöst. Ein Lehrer für eine lange Zeit kann uns zu einer Art Abhängigkeit verleiten. Da mag es eine Astrologin geben, ohne die wir keine Reisen mehr machen. Ein Channel, dem wir blind vertrauen.

Ich hatte gelegentlich Lehrer und Lehrerinnen, die mir etwas anderes beigebracht haben, als sie es sich vorgestellt hatten. Ich lernte von ihnen, mich auf mich selbst zu verlassen, denn sie waren keine guten Lehrer. Wir beginnen uns immer mehr auf unsere Intuition zu verlassen, und wenn wir bei einem Lehrer ein komisches Gefühl haben, dann gibt es einen Grund dafür.

Ich habe dieses Gebet sehr häufig benutzt, denn meine Lehrer wechselten. Wann immer ich dieses Gebet gesprochen habe, ist kurz danach irgendjemand aufgetaucht. Entweder habe ich von Freunden von jemandem gehört oder irgendwie fühlte ich mich beim Lesen zu einer bestimmten Website hingezogen. Ab und zu wurden Bücher empfohlen, manchmal Workshops. Seien Sie einfach aufmerksam, was sich nach diesem Gebet so tut.

Meine Engel,
lasst mich die Welt
durch Gottes Augen sehen.

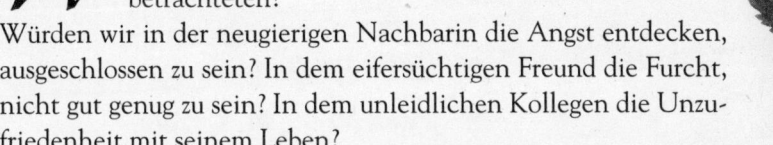

*W*ie wäre es, wenn wir die Welt durch Gottes Augen betrachteten?

Würden wir in der neugierigen Nachbarin die Angst entdecken, ausgeschlossen zu sein? In dem eifersüchtigen Freund die Furcht, nicht gut genug zu sein? In dem unleidlichen Kollegen die Unzufriedenheit mit seinem Leben?

Wie fühlt sich das an, dieser milde Blick, dieses unendliche Verständnis? Wir können diesen heutigen Tag dazu benutzen, uns jeden Moment Gottes Sichtweise bewusst zu machen. Vielleicht bewegen wir uns langsamer. Vielleicht sind wir offener im Umgang, vielleicht geduldiger?

Lieber Gott,
bitte kümmere du dich heute
um mein Leben,
und ich werde mich entspannen.

*W*as für ein herrliches Gebet! Nicht selten sind wir so erschöpft vom Leben, dass wir das Gefühl haben, keine Luft mehr zu bekommen.

Heute kümmert sich Gott um alles. Wir verbringen unseren Tag, ohne uns große Sorgen zu machen. Wann immer sich eine Situation ergibt, die unser größeres Nachdenken erfordern würde, erinnern wir uns an das Gebet und wiederholen es.

Liebe Engel,
bitte helft mir herauszufinden,
was für mich wichtig ist.

Auf der Suche nach Gott, den Engeln und bei dem Bemühen um ein erfülltes und bewusstes Leben möchten
wir anderen gern helfen. Wenn wir aber unsere eigenen Bedürfnisse nicht befriedigen – weil wir sie manchmal nicht einmal kennen! –, dann ist die Befriedigung der Bedürfnisse der anderen auf
Dauer nicht durchzuhalten. Wir glauben, dass wir glücklich sein
sollten, weil wir ja helfen; und doch fühlen wir uns erschöpft. Wir
sind ausgelaugt und erwarten von den anderen, dass sie unsere
»Opfer« auch noch anerkennen. Doch das tun sie meistens nicht,
sondern sie erwarten einfach immer mehr von uns.

In meinen Gedanken ist ein Satz häufig der erste: »Was ist es,
was der andere braucht?« Das ist eine Angewohnheit aus meiner
Kindheit: Um mich sicher zu fühlen, so dachte ich damals, muss
ich dafür sorgen, dass die Menschen um mich herum alles haben, was sie brauchen. Dann, so erhoffte ich, sind sie endlich
glücklich, und dann werden sie mich glücklich machen. Dum-

merweise sind nie immer alle Leute um mich herum glücklich. Vieles hat auch gar nichts mit mir zu tun. Das mögen die Hormone, die Sterne, der Chef oder das Essen sein.

Falls auch Sie zu dieser Gruppe Menschen gehören, die sich für alles im Umkreis von tausend Metern verantwortlich fühlen, so wird es Zeit, dass Sie Ihren Fokus auf sich selbst legen. Sie können diesem Gebet eine Meditation anschließen, indem Sie nur ganz einfach die Augen schließen und dieses Gebet – »Liebe Engel, bitte helft mir herauszufinden, was für mich wichtig ist« – immer wieder in Ihren Gedanken wiederholen. Dann warten Sie dazwischen ab und beobachten Sie, was Ihnen die Engel als Ideen schicken. Jahrelange Gewohnheiten brauchen natürlich auch etwas Zeit, um sich zu verändern. Haben Sie Geduld mit sich. Natürlich kann es sein, dass uns plötzlich Egoismus vorgeworfen wird. Wir waren ja bisher immer für alle anderen zuständig, und plötzlich verändern wir unseren Fokus. Warum werfen uns die anderen das vor? Nicht selten, weil sie etwas von uns bekommen haben, was ihnen dann nicht mehr zur Verfügung steht. Wenn ich für eine Freundin immer dann da bin, wenn sie was braucht (»Kannst du mich mal abholen?« – »Komm doch mal rüber.« – »Kannst du das mal machen?«), dann stört es sie natürlich ungeheuerlich, wenn ich nicht mehr zur Verfügung stehe. Statt abzustreiten, dass man sich jetzt mehr um sich selbst und seine eigenen Bedürfnisse kümmert, kann man ganz einfach sagen: »Ja, ich kann gut verstehen, dass dir das wie Egoismus vorkommt, und wahrscheinlich werde ich egoistischer. Ich probiere das jetzt mal eine Zeit lang aus und sehe dann schon, ob ich das beibehalte.«

Wenn wir unsere Bedürfnisse über Jahre unterdrückt haben, unterdrücken wir damit einen entscheidenden Teil unseres Lebens. Durch das Erkennen und Verändern dieses Ungleichgewichts und dessen, was für uns wichtig ist, beginnen wir, ein erfüllteres Leben zu gestalten. Wir fühlen uns leichter, entspannter und fröhlicher. Das ist es, was wir dann in unserem Leben ausstrahlen.

Liebe Engel,
ich bitte darum,
dass jede Mahlzeit gesegnet wird.

Es gibt viele Arten und Weisen, sein Essen zu segnen. Zu
Hause sprachen wir immer ein Tischgebet, das wir mehr
oder weniger schnell herunterrasselten. Dann wurde ich erwachsen, wollte als einigermaßen gescheit gelten, und ein Tischgebet
hatte zwischen all den Diskussionen um Karriere, die Weltwirtschaft und den letzten Film keinen Platz mehr.

Viele Jahre später, am Anfang meiner spirituellen Suche, beobachtete ich meine Freundin Jacqueline Snyder, wie sie die Augen
schloss und ihre Hände fast schützend über ihren Teller legte und
dann – was mir wie eine Ewigkeit vorkam – ein stilles Gebet
sprach. Ich fragte sie, was sie denn da sage, und sie erklärte mir,
dass sie sich erst einmal bei der Erde und der Sonne und dem
Regen bedankt, bei dem Bauern und allen Menschen, die dafür
gesorgt haben, dass dieses Essen auf diesem Teller liegt – und sie
bittet Gott, so viel Nährkraft wie nur möglich in ihre Mahlzeit zu
legen und das Essen zu segnen. Das wollte ich auch machen, und

für viele Jahre legte ich meine Hände über den Teller. (Einmal, in einem bayerischen Restaurant, meinte mein Nachbar, der mich dabei beobachtete: »Das können S' scho' essen. So heiß ist des net.«)

Später begann ich alle am Tisch zu einem Gebet einzuladen. Wir halten uns dabei an den Händen, und einer von uns spricht ein lautes Gebet, das sich zum Beispiel so oder so ähnlich anhört: »Himmlischer Vater/himmlische Mutter, wir nehmen uns die Zeit, um uns bei dir für unsere Freunde und unser gemeinsames Mahl zu bedanken. Wir bitten dich, unser Zusammensein und unsere Mahlzeit zu segnen. Amen.« Über Jahre war das auch unser Familienritual; und wenn wir Besuch hatten, stellten wir es so vor: »Wir würden gern ein gemeinsames Tischgebet sprechen, habt ihr Lust dazu?«

Aus den USA wieder zurück in Deutschland, fiel mir auf, wie viel ungewöhnlicher das doch hier ist. Einmal brachte meine Nichte ihren Freund mit – mittlerweile ihr Ehemann –, und auch er wurde im Restaurant zu einem Gebet eingeladen. Ihm war das so peinlich, dass er seinen Kopf immer tiefer hängen ließ, dies aber für die anderen Gäste so aussah, als ob er eben besonders inbrünstig betete …

Wie wir wissen, ist das »Händchenhalten« hierzulande nicht jedermanns Sache – in den Vereinigten Staaten ist es eher üblich, aber dort wird auch sehr viel mehr umarmt, geküsst und »Ich liebe dich« gesagt. Außerdem kommt da noch das römisch-katholische Weltbild sehr viel deutlicher durch, und deshalb ist ein normales Tischgebet vielleicht einfacher.

Was passiert bei einem Tischgebet? Nicht nur, dass wir bewusster werden und das Essen mehr genießen, ich glaube auch, dass wir die Frequenz, den Nährgehalt der Nahrung erhöhen. Jedes Gebet hat seine Wirkung. Und dieses hilft uns gleich dreimal am Tag.

Ich möchte,
dass meine Gebete tägliche Gespräche
mit Gott und den Engeln sind.

*F*rüher betete ich nur dann, wenn ich dringend etwas brauchte oder mich in einer schwierigen Situation befand. Gebete sind aber auch Gespräche, die uns mit dem Göttlichen verbinden. Der innere Dialog wird sich tiefer entwickeln: Je häufiger wir beten, umso mehr unterstützt uns das Gebet dabei, eine innige Beziehung zu den Engeln zu entwickeln.

Auch hier ist es mir nicht möglich, Gott von den Engeln zu trennen. Manchmal werde ich gefragt, wen ich denn wann anspreche. Das wechselt. Häufig ist es der »himmlische Vater« oder »liebe Gott«, dann bitte ich Jesus, frage die Engel und erhoffe mir Rat von Zarathustra, meinem ersten spirituellen Lehrer. Es gibt keine Eifersucht auf der anderen Seite. Gott ist – meiner Meinung nach – nicht »beleidigt«, wenn wir häufiger mit den Engeln reden.

»Warum zu den Engeln gehen, wenn ich doch gleich zum Chef gehen kann?«: Diese Frage ist mir mal in einer Fernsehsendung gestellt worden; und ich denke, der »Chef« und die Engel raten uns das Gleiche. Es liegt an uns, mit welchem Kontakt wir uns wohler fühlen. Manchmal dauert es erst eine Zeit, bis wir uns über die Engel wieder an Gott angenähert haben.

Lieber Gott,
ich bedanke mich dafür,
dass du meinen Wunsch erhörst
oder verbesserst.

Wenn wir beten, hilft es, wenn wir uns schon mal für die Erfüllung bedanken. So wie dieses Beispiel es uns zeigt. Damit bekräftigen wir das Vertrauen in das Universum und bedanken uns für die Aufmerksamkeit, die wir vom Himmel bekommen. Gebete müssen übrigens nicht hundertmal wiederholt werden. Gott hat uns beim ersten Mal gehört. Mit der Wiederholung drücken wir einfach nur aus, dass wir entweder sehr ungeduldig sind (wer ist das nicht?) oder dass wir nicht glauben, unsere Gebete würden erhört. Und ja, manchmal dauert die Erfüllung eines Gebets länger, und ja, manchmal bekommen wir etwas gar nicht. Das ist zum Beispiel auch eine Aufgabe der »Verbesserungsklausel«. Denn zuweilen wünscht sich zwar unsere Persönlichkeit etwas, aber unsere Seele zusammen mit Gott weiß, dass dies für unseren Lebensweg nicht richtig ist.

Wir sollen zum Beispiel lernen, unsere Arbeit zu schätzen und mehr Geld dafür zu verlangen. Unsere Persönlichkeit hofft auf einen Lottogewinn, damit wir dieses Problem damit umgehen können. Natürlich werden wir nichts gewinnen, denn damit würde ja die Aufgabe nicht erfüllt werden. Ein Lottogewinn würde den Wunsch der Seele untergraben.

Wenn ich bete, dann habe ich häufig eine Vorstellung, wie denn diese Wuncherfüllung aussehen soll. Manchmal kann ich mir »besser« einfach nicht vorstellen. Und das ist die zweite Aufgabe der »Verbesserungsklausel«.

Als ich noch in Los Angeles lebte und wieder zurück nach Deutschland wollte, nahm ich an, dass ich noch drei Jahre hin- und herpendeln müsste, bis meine Tochter Julia mit der Schule fertig ist. Ich betete um mehr Zeit in Deutschland … oder eben etwas Besseres. Wenige Monate später fragte mich meine Tochter, die das Einzelkindleben satt hatte, was ich von einem Internat in Europa halten würde. Nach einigem Nachforschen, Überlegen und Besuchen hatten wir uns für ein Internat in der italienischen Schweiz entschieden, und meine Vermieterin erklärte mir kurz danach, dass sie jetzt selbst wieder in ihrem Haus wohnen wollte.

So zog ich drei Jahre früher wieder ganz nach Deutschland. Danke, lieber Gott, für das Verbessern.

Liebe Engel,
ich will die positiven Dinge
laut loben.

*M*ir war immer kalt. Ich war die Erste, die sich die Jacke anzog, und ohne ein ausreichendes Sortiment an dicken Socken und gemütlichen Schlafanzügen hätte ich auf der Welt nicht überlebt. »Mir ist immer kalt«, verkündete ich täglich mehrmals und schickte somit jedes Mal eine Vorstellung von mir ins Universum, die natürlich prompt erfüllt wurde. Mir wurde von Jahr zu Jahr kälter.

Einer meiner Engel erklärte mir mal, wie die Welt in Sachen Wünsche funktioniert: »Alles, was du so von dir gibst – alle Vorstellungen, Wünsche und Erfahrungen –, geht in die Welt hinaus und kommt genauso zurück, eben wie ein Echo.«

Was also schicken wir dem Universum und was kommt als Echo zurück, wenn wir etwa Folgendes von uns geben? »Männer sind doch alle gleich!« – »Die Welt ist ungerecht.« – »Ich komme einfach auf keinen grünen Zweig.« – »Ich werde immer betrogen.«

Deshalb ist es auch kein Wunder, dass mir immer kälter wurde. Doch was ist zu tun? Ich kann ja schließlich nicht schlotternd ins Universum rufen: »Mein Gott, ist mir warm!«

Ich hörte die Engel lachen. »Nein, natürlich weißt du, dass immer das Gefühl darunter aufgenommen wird; und so wird ein Satz wie ›Mir ist warm‹, wenn dir in Wirklichkeit kalt ist, niemals als Wahrheit gelten können.«

Was also tun? Als Erstes fragte ich mich: »Ist mir wirklich immer kalt?« Natürlich nicht! In einer heißen Badewanne ist mir nicht kalt. Im Hochsommer ist mir nicht kalt. Wenn ich gemütlich im Bett liege, dann ist mir nicht kalt. Also fing ich an, genau dann, wenn mir warm war, diese Sätze in die Welt zu rufen. Und zwar mit der gleichen Kraft, mit der ich normalerweise »Mir ist immer kalt« hinausrief. Ab jetzt hörte das Universum häufiger ein »Mir ist so herrlich warm!«; und das kam, langsam, aber sicher, als Echo zurück. Wie großartig!

Dieses Gebet soll uns daran erinnern, täglich das ins Universum zu rufen, was wir eben auch haben: »Schon wieder hat mir das Geld gereicht« statt »Ah, das Geld ist schon wieder knapp« – »Meine Beine fühlen sich heute gut an« statt »Ach, das ist nur eine kleine Pause, morgen schmerzen sie wieder«.

Es ist äußerst spannend, zu erfahren, wie wir das Leben verändern können. Welche Macht unsere Gedanken, Worte und Taten haben. Sie werden nach einer Weile ziemliche Unterschiede feststellen. Mögen unsere Engel uns immer wieder daran erinnern.

*Ich werde heute
alle meine Engel
um Unterstützung bitten.*

M einer Meinung nach haben wir alle viele Engel, die uns begleiten wollen. Die meisten bekommen von uns recht wenig zu tun. Denn erstens fragen wir nicht um Hilfe, und zweitens hören wir nicht auf sie. Engel lassen sich vielleicht ein bisschen mit den Heiligen vergleichen, was die Aufgabenteilung betrifft. Da gibt es auch Heilige für bestimmte Berufsgruppen oder für bestimmte Aufgaben.

Heute versuchen wir einfach, viele unserer Engel zu beschäftigen. Wir können neben anderen zum Beispiel unseren Computer-Engel, unseren Wetter-Engel, unseren Parkplatz-Engel und unseren Autobahn-Engel um Hilfe bitten.

Manchmal bitte ich zum Beispiel meinen Autobahn-Engel, wenn sich ein Stau ankündigt, sich um den Verkehr zu kümmern. In den meisten Fällen funktioniert das wunderbar. Manchmal aber eben auch nicht. Ich nehme dabei allerdings nicht an, dass mein Autobahn-Engel mir nicht zuhört, sondern dass etwas anderes wichtiger war; und so entspanne ich mich in der jeweiligen Situation, denn sie wird schon ihren Grund haben.

Häufig werde ich gefragt, ob es nicht lächerlich sei, die Engel und den lieben Gott mit solchen Dingen zu belästigen. Ich glaube, nicht. Wir fragen ja nicht nur, sondern wir bedanken uns auch. Das größte Geschenk, das wir dem Himmel zurückgeben können, ist Dankbarkeit. Wenn wir mit Gott und den Engeln Nähe aufbauen wollen, dann sind ein regelmäßiger Dialog und ein inniger Austausch wichtig. Denn wo man keine Zeit miteinander verbringt, kann auch keine Nähe entstehen. Deshalb ist es dem lieben Gott wahrscheinlich sehr viel lieber, dass wir eher zu viel als zu wenig fragen. Meine Engel flüstern mir gerade ins Ohr: »Zu viel gibt es nicht.«

Außerdem nehmen wir ja anderen nichts weg. Die Zeit der Engel ist kein Kuchen, der gleichmäßig aufgeteilt werden müsste und von dem für die anderen nichts mehr übrig bliebe, wenn ich zu viel äße. Auch Engel haben etwas von dem Kontakt mit uns. Sie erleben – ohne sich selbst in Körpergestalt zu begeben –, was es heißt, täglich eine menschliche Erfahrung zu machen. Und das kann, wie wir wissen, ausnehmend spannend sein.

Ich möchte heute

für _____ *beten.*

W enn ich für jemand anderen bete, dann ist es so, als wenn ich einen Blankoscheck versende. Ich habe dem anderen extra Kraft geschickt, und es liegt an ihm, was er damit machen will. Manche benutzen den Blankoscheck, und manche benutzen ihn nicht.

Ich versuche auch, meinen Gebeten keine Forderungen mitzuschicken. Ich bete nicht darum, dass die Ehefrau wieder zu meinem lieben verlassenen Freund zurückkommt oder meine Freundin schnell von etwas geheilt wird.

Verstehen Sie mich nicht falsch: Natürlich wünsche ich mir, dass die Frau wieder zum Freund zurückkommt, denn er leidet so fürchterlich, und natürlich wäre ich von Herzen froh, wenn meine Freundin lieber heute als morgen geheilt werden würde. Doch ich weiß nicht, welche Lehren die Seele aus ihrer Herausforderung ziehen muss; und deshalb bete ich, dass sie oder er Trost finden, Kraft schöpfen, Erkenntnisse über die Situation gewinnen. Alles andere, was ich sonst noch tun kann, wie mich kümmern, einkaufen gehen oder pflegen, das mache ich selbstverständlich.

Immer wieder erinnere ich mich in solchen Situationen daran, dass das Leben ewig ist und dass wir (das ist natürlich nur meine Meinung und mag nicht Ihre sein) viele Leben haben. Da ich in jedem Leben etwas dazulernen will, führt mich meine Seele automatisch zu den Erfahrungen, die ich mir vor diesem Leben ausgesucht habe. Und die lassen sich weder wegmeditieren noch wegbeten.

Doch ein Gebet ist eine großartige Unterstützung, die noch dazu ein regelmäßiges und herrliches Geschenk sein kann. Im Idealfall setzen wir unserem Gebet eine Aktion hinterher. Wir beten für den Frieden der Welt, und doch tun wir auch etwas dafür. Da mag es einen Verein geben, der das unterstützt, was wir fühlen. Eine Gruppe von Leuten, der ich mich anschließen kann, um als freiwilliger Helfer mitzumachen.

Zarathustra, einer meiner wichtigsten Lehrer, hat einmal gesagt: »Wenn du glaubst, irgendjemand müsste dafür oder dagegen etwas tun, dann bist genau du dieser Irgendjemand.«

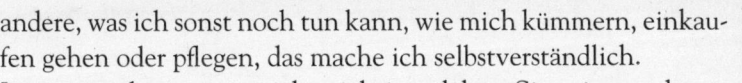

Liebe Engel,
bitte schickt mir zusätzliche Freunde,
mit denen ich über all das reden kann.

_I_ch weiß noch, mit welcher Inbrunst ich dieses Gebet gespro-chen hatte. Ich fühlte mich am Anfang meines spirituellen Wegs vollkommen einsam. Meine alten Freunde hielten mich für verrückt. Meine Familie hoffte, dass sich meine Besessenheit mit den Engeln verwachse oder sich zumindest auf ein normales und erträgliches Maß reduziere; und ich kam mir gänzlich unverstan-den vor.

Es ist ein wundervolles Gebet, ich kann es nur wärmstens emp-fehlen. Im Laufe unseres spirituellen Erwachens gibt es verschie-dene Phasen (Näheres dazu habe ich in meinem Buch _Erleuch-tung, Sex und Coca-Cola_ beschrieben). Ganz am Anfang ist die Phase der Begeisterung und Neugier. Wir haben etwas entdeckt, was unser Leben verbessert hat. Wir wollen alle und jeden davon überzeugen, das Gleiche zu tun, und wir sind – ob wir es zugeben oder nicht – anstrengend. Diese Phase dauert je nach Persönlich-keit ein paar Monate oder Jahre. Danach kommt die Phase der Entspanntheit. Wir lassen die Leute so, wie sie sind, und erfreuen uns an den Gaben, die sie für uns haben. Wir erkennen, dass es auch andere Gesprächsthemen als Gott, Meditation und Feng-Shui gibt, und sehen plötzlich, dass unsere alten Freunde doch nicht so »doof« waren.

Deshalb spricht dieses Gebet auch von zusätzlichen Freunden, und vielleicht gelingt ja Ihnen, was mir nicht gelang – in der ersten Phase die alten Freunde nicht zu sehr zu nerven.

Liebe Engel,
wo kann ich
nützlich sein?

E ine der am häufigsten gestellten Fragen lautet wohl so oder so ähnlich: »Was ist meine Lebensaufgabe?« Manchmal haben wir das Gefühl, wir hätten sie auf jeden Fall verpasst. Und wir befürchten, dass wir am Ende unseres Lebens feststellen könnten, wir hätten die Welt vor einem Virus schützen sollen, aber die Zeit damit verbracht haben, Pausenbrote für die Kinder zu schmieren. Ich glaube, dass unsere Lebensaufgabe darin besteht, ein erfülltes Leben zu leben. Ganz einfach und doch so schwierig.

Zu einem erfüllten Leben gehört der Wunsch nach einem Nutzen. Am Ende wollen wir auf ein Leben zurückschauen, das irgendwie wichtig war. Manchmal mögen wir dabei vielleicht unsere wichtigsten Leistungen übersehen: dass wir Kinder großgezogen haben, sicherstellten, dass die Familie versorgt wird, ein gemütliches Heim erschaffen haben – oder dass man sich auf uns verlassen konnte. In manchen Zeiten ist man zu beschäftigt, um noch

Zusätzliches ohne großen Stress einzufügen. Das Leben ist hoffentlich lang genug, die einzelnen Phasen darin zu erkennen und wahrhaftig zu leben.

Wo also sind wir in dieser Lebensphase nützlich? Wo möchte ich mich nützlich machen? Was macht mir Spaß? Wenn wir freiwillige Helfer sein wollen, müssen wir das nicht in einem Bereich tun, in dem es uns schwer fällt. Wir können den größten Enthusiasmus und die Liebe Gottes da verbreiten, wo wir uns selbst gern aufhalten. Wenn Kinder Sie »nerven«, ist es für Sie und die Kinder praktischer, wenn man sich aus dem Weg geht. Wenn Sie dagegen Erfahrung mit Drogen gemacht haben und diese Erfahrungen und die Wege hinaus auch gern weitergeben, dann ist das vielleicht eine passendere Richtung.

Heute bitten wir um Information darüber, wo wir gerade nützlich sind bzw. sein können. Denken Sie daran, dass die Engel häufig gleich eine Antwort geben; und vielleicht ist die Ihre beim Durchlesen dieser Seite schon ein paar Mal mit einigen Gedanken durchgekommen. Engel reden nicht nur, wenn wir still sind und beten. Wir haben unseren eigenen Kontakt mit ihnen; und wie immer er funktioniert, ist es gut so.

Liebe Engel,
ich möchte heute meine Worte
mit Bedacht wählen.

Vielleicht reden wir ja alle zu viel. Ich bin sicher, in einigen Kulturkreisen wird das, was wir hier so täglich etwa am Handy aufführen, als höchst kurios bezeichnet. Warum also nicht einfach versuchen, jedes Wort mit Bedacht zu wählen? Was will ich sagen, wann will ich es sagen? Und die wohl interessanteste Frage: Soll ich es überhaupt sagen?

Ich hatte vor über dreißig Jahren mal einen Ausspruch an der Wand hängen, der angeblich von einem alten chinesischen Sprichwort kommt: »Wenn dir ein Wort auf der Zunge brennt, lass es brennen.« Mit dem brennenden Wort ist wahrscheinlich eine Bösartigkeit gemeint oder ein unüberlegtes Widerwort. Wie viele andere Worte können wir heute auf der Zunge brennen lassen? Natürlich wollen wir auch weiterhin höflich auf Begrüßungen oder Anfragen reagieren.

Was machen wir übrigens, wenn den anderen unsere plötzliche Schweigsamkeit auffällt? Wenn Sie nicht gerade zu den eher Stillen gehören, dann wird das ganz bestimmt bemerkt werden. Wie wäre es also mit folgender Antwort: »Ich habe mir heute als Aufgabe vorgenommen, jedes Wort mit Bedacht zu wählen. Deshalb bin ich ein bisschen stiller.«

Dieses Gebet hilft uns, das Bewusstsein davon zu entwickeln, was wir so den ganzen Tag von uns geben. Zum anderen entwickelt sich unser innerer Dialog viel tiefer, da er nicht so häufig von unserem Geplapper übertönt wird. Und ist es nicht die Tiefe, die wir suchen?

Liebe Engel,
bitte erinnert mich daran,
dass auch ich
im Wohlstand leben darf.

G eld ist Energie. Die wird von uns entweder angezogen oder abgestoßen. Ich machte mal vor Jahren mit einer Gruppe auf einem meiner Wochenendseminare eine Liste: Welche Eigenschaften haben Leute mit Geld?

Von »arrogant« über »egoistisch« und »hochmütig« bis »engstirnig« kam nun wirklich alles vor. Ganz am Schluss wagte jemand, ein »großzügig« einzuwerfen. Alle Köpfe starrten in ihre Richtung. Wenn das die Eigenschaften sind, die reiche Leute haben sollen, um Himmels willen, das wird sich doch vermeiden lassen. Wie viele Krankenhäuser und Hilfswerke in der Welt müssten geschlossen werden, wenn sogenannte »Reiche« ihr Geld nicht großzügig vergäben? Wie viele Jobs würden weiterhin verlorengehen, wenn wir Reiche aus dem Land vertreiben wollten?

Was ist falsch am Wohlstand? Wäre es nicht herrlich, wenn wir alle darin lebten? Wir könnten uns ja entschließen, großzügige Reiche zu werden. Da gibt es genügend Vorbilder. Das ist übrigens kein Plädoyer für Reiche an sich, sondern eine Anregung zum Nachdenken darüber, wie unser persönliches Verhältnis zum Wohlstand ist.

Geld hat seine eigenen Gesetze. Mein Lehrer Zarathustra sagte mir mal, dass es die gleiche Energie kostet, über Geld zu klagen, wie Geld zu machen. Doch alle unsere Wünsche müssen – um erfüllt zu werden – erst einmal durch unser Glaubensfenster passen. Und wenn wir glauben, dass uns Geld nicht zusteht oder zu korrupt macht, dann wird der Wohlstand niemals zu uns durchdringen können.

Ich habe vor Jahren einmal eine Geschichte über den Unterschied zwischen den USA und Deutschland, was Neid und Geld betrifft, gehört. Ein Amerikaner fährt mit seinem Kleinwagen neben einem Rolls-Royce und denkt sich: »Was für ein tolles Auto. So was fahre ich auch einmal«, und nickt dem Fahrer daumenhebend zu. Ein Deutscher fährt mit seinem Kleinwagen neben einem Rolls-Royce und denkt sich: »Was hat dieser Kerl wohl alles auf dem Gewissen, dass er sich so ein Auto leisten kann?«

Deswegen, wenn Sie Wohlstand in Ihr Leben lassen wollen, dann freuen Sie sich erst einmal am Wohlstand der anderen. Denn wenn die es geschafft haben, dann schaffen Sie das auch. Bitten Sie die Engel des Wohlstands, Ihnen zu zeigen, wie Sie mehr darüber lernen können. Belegen Sie Kurse, die mit Geld und Geldgeschäften zu tun haben. Lassen Sie sich von Leuten beraten, die etwas davon verstehen. Und malen Sie sich aus, was Sie mit dem Geld wirklich alles machen wollen.

Geld ist Energie. Ob sie positiv oder negativ eingesetzt wird, das ist unsere Wahl. Und … freuen Sie sich über Geld. Denn wenn Sie etwas ausgeben, gibt es zwei mögliche Gedankengänge: »Oje, jetzt habe ich mein ganzes Geld für diese Schuhe ausgegeben«, oder Sie denken: »Wie großartig! Jetzt hat mein Geld doch gerade noch gereicht, dass ich mir diese Schuhe leisten konnte.« Was würden Sie sagen?

Liebe Engel,
bitte helft mir heute bei der Erkenntnis,
dass ich nicht immer
recht haben muss.

*I*ch habe gern recht. Schon in ganz jungen Jahren kannte ich wenig so befriedigende Sätze wie »Das habe ich dir doch gesagt«.

Wir alle haben bestimmte Meinungen über mehr oder weniger sensible Dinge. Mögen es das Essen von Fleisch, die unpassende Partnerin unseres besten Freundes, Raucher und Kindererziehung sein. Und irgendwann einmal ergeben sich Gespräche darüber, und nun versuchen wir, die anderen davon zu überzeugen, dass wir im Recht sind.

Ich habe noch nie jemanden überzeugt. Es ist noch nie jemand von einem Gespräch mit mir weggegangen mit den Worten: »Sabrina, Sie haben ja so recht. Ich habe meine Meinung vollkommen geändert. Wie konnte ich nur so blind sein?« In der Regel verlassen mich die Gesprächspartner mit genau der gleichen Meinung, mit der sie gekommen sind.

Also wozu dann diese doch recht sinnlosen Versuche? Vielleicht schaffen wir es in Zukunft, die Meinung der anderen wirklich einmal zu hören. Denn wir sind uns selbst darüber im Klaren, dass wir meistens gar nicht wissen, wie der andere zu seiner Meinung gekommen ist. Vielleicht wäre es ja mal ganz interessant nachzufragen: »Wie kommen Sie denn zu dieser Meinung?«, und das – selbstredend – mit keiner noch so leichten versteckten Ironie. Versuchen wir einmal, wirklich neugierig zu sein, was diesen Menschen zu seiner Meinung bewegte. Und vielleicht hat er sogar recht.

Liebe Engel,
bitte helft mir herauszufinden,
auf was oder auf wen
ich neidisch bin.

*D*as Wort »Neid« möchten wir eigentlich in unserem spirituellen Sprachgebrauch nicht pflegen. Alles, was dunkel ist oder in die Falten unserer Persönlichkeit gehört, hätten wir gern aufgelöst – und über den Neid sind wir natürlich schon längst hinaus …

Neid ist jedoch nicht nur eine negative Eigenschaft. Natürlich ist es keine besonders erstrebenswerte Gefühlsregung, und doch hat der Neid seine Gaben für uns. Er zeigt uns, was wir gern hätten.

Sind wir neidisch auf die gute Ehe unseres Freundes, die Gehaltserhöhung des Kollegen, das Auto der Nachbarin? Sind wir neidisch auf deren Gesundheit, Wohlstand oder beruflichen Erfolg? Sind wir neidisch auf den Geschmack, die Liebenswürdigkeit oder die Leichtigkeit, mit der andere durchs Leben gehen? Sind wir neidisch auf ein enges Verhältnis mit Gott?

Unser »Neidfaktor« kann uns helfen, unsere tiefsten Wünsche anzuerkennen. Zum Beispiel war ich früher sehr neidisch auf gut angezogene Frauen. Mein Neid zielte nicht darauf, dass es die anderen nicht haben sollten. Ich wollte es nur auch. Meine Freundin Carolin Frydman habe ich in all den fast über dreißig Jahren, in denen wir befreundet sind, noch nie schlecht angezogen gesehen. Sie würde selbst in einem Kartoffelsack gut aussehen. Ich war als junge Frau gänzlich ungeübt in Sachen Geschmack. Ich lernte von ihr. Ich beobachtete, was sie anzog. Machte am Anfang nur einfach nach, was sie machte (an ihr sah es übrigens immer besser aus!), und dann entwickelte sich mein eigener Geschmack.

Später, auf dem spirituellen Weg, war ich neidisch auf die Liebe zu Gott, die ich in den Augen meiner Freundin Jacqueline Snyder sah. Ich war neidisch auf ihre Begeisterung über das Leben, ihren Mut. Ich wollte, wie sie, diese Nähe zu den Engeln haben. Auch sie beobachtete ich. Lernte von ihr. Fragte sie. Übte mit ihr. Und so habe ich mir geschaffen, was ich bei anderen bewundert habe, selbst wenn es mit dem Beigeschmack des Neids kam.

Und Sie, was ist es, was Sie gern hätten?

Liebe Engel,
ich möchte
die Wahrheit sagen.

Wer kennt sie nicht, diese so genannten Notlügen, die ja niemandem weh tun? Wenn einem das Kleid der Freundin partout nicht gefällt, soll man denn da stattdessen sagen: »Um Himmels willen, das sieht ja schrecklich aus!«?

Mein Lehrer Zarathustra sagte einmal zu mir: »Lege jemandem die Wahrheit wie einen warmen Schal um und klatsche sie ihm nicht wie ein nasses Handtuch ums Gesicht.«

Warum sollen wir in einem spirituellen Leben nicht lügen? Die einfachste Antwort darauf ist wohl, weil es die Intimität verhindert. Wenn wir für das, was wir sind, geliebt werden wollen, dann müssen wir zeigen, wer wir sind. Häufig lügen wir, weil wir bestimmte Situationen und Konfliktsituationen vermeiden wollen oder schlichtweg nicht gelernt haben, offen über Probleme zu sprechen. Natürlich wollen wir in vielen Fällen auch die Gefühle der anderen nicht verletzen.

Es geht nicht nur um Meinungen, die wir zu diesem oder jenem Thema haben, sondern auch um unsere Freiheit, nein zu sagen. Wenn mich also jemand zu einer Abendveranstaltung mitnehmen will, zu der ich partout nicht gehen möchte, kann ich entweder etwas erfinden (eine andere Verabredung zum Beispiel) oder schlichtweg sagen: »Tut mir sehr leid, dass ich dich da nicht begleiten kann, aber ich habe einfach keine Lust.« Früher hatte ich Freunde, die mich dann unbedingt überreden wollten, heute höre ich eher: »Schade. Dann bis zum nächsten Mal.« Wenn wir wahrhaftig sagen, wie wir uns fühlen, dann öffnen wir uns für einen tieferen Austausch. Dadurch verändern sich auch die Beziehungen mit den nahen Menschen in unserem Leben. Sie werden tiefer, wahrhaftiger und verlieren alles Manipulierte.

Wenn wir allerdings wichtige Entscheidungen hinauszögern aus Angst davor, was alles schiefgehen könnte, dann sind die Engel da, um uns die Kraft zu geben, dass wir durchhalten. Und sie geben uns so lange ihre Kraft, bis wir die unsere gefunden haben.

Liebe Engel,
ich möchte in einem
heiligen Umfeld leben.

*M*ein Lehrer Zarathustra hat einmal gesagt: »Stell dir vor, dass du jeden Schritt, den du gehst, auf heiligem Grund gehst. Jetzt betrachte deine Umgebung. Ist sie so, wie du sie haben willst?«

Bei diesem Gebet geht es in erster Linie um unser Umfeld, also nicht um die Menschen darin. Wenn Sie eine heilige Umgebung gestalten wollen, schaffen Sie sich in der nächsten Zukunft einen Freiraum dafür. Nehmen Sie sich entweder Ihren ganzen Wohnraum (wenn Sie viel Zeit haben) oder aber vielleicht nur ein Zimmer (wenn Sie wenig Zeit haben) vor.

Stellen Sie sich an den Eingang zu der Wohnung oder zu diesem bestimmten Raum auf und schauen Sie sich um. Was gefällt Ihnen an diesem Zimmer und was nicht? Wenn jemand anders in dieses Zimmer käme, könnte er Sie beschreiben? Würde er oder sie wissen, welche Art von Person Sie sind? Und was drücken Sie momentan mit diesem Zimmer aus? Ist es das, was Sie ausdrücken wollen? Gehen Sie durch das Zimmer und nehmen Sie einfach mal alles weg, was Sie stört. Sie erinnern sich natürlich, dass eventuell noch andere Mitbewohner gefragt werden sollten.

Wenn dieser Raum dann nur noch Dinge enthält, mit denen Sie sich wohl fühlen, dann möchten Sie vielleicht den neuen Raum segnen, um diese neue Energie mit einem Ritual zu festigen. Das können Sie auf verschiedene Art tun.

Ich reise zum Beispiel immer mit getrocknetem Salbei im Gepäck. Wenn ich in ein Hotelzimmer komme, dann »räuchere« ich den Raum erst aus. Die Indianer nennen das to smudge. Ich bete vorher und bitte meine Engel, den Raum für mich von all dem zu reinigen, was nicht ich bin. Nur weil die Bettwäsche gewechselt worden ist, heißt das noch lange nicht, dass alle überflüssige Energie aus dem Raum ist. Dann gehe ich mit dem angezündeten Salbei (vorsichtig natürlich) vom Eingang nach links an allen Wänden entlang und lasse den Rauch besonders die Schränke und Ecken entlangwandern. Ich habe dabei immer die Fenster auf. Dazu singe ich.

Wenn es um die Reinigung von alten Häusern oder Räumen geht, dann bete ich vorher am Hauseingang und bitte alles, was dieses Haus belastet, aus dem Haus zu ziehen. Ich gebe Weihwasser in eine Schale in die Mitte des Hauses und tauche eine Blume leicht ins Wasser, und mit leichten Armbewegungen sprühe ich das Weihwasser durch die Blumenblätter leicht in die Räume. Am Schluss lasse ich über Nacht schöne Musik laufen. Einige Fenster bleiben, falls möglich, ebenfalls offen.

Wir fühlen uns leichter in Räumen, die von Altlasten befreit sind. Jeder Gedanke hat eine Wirkung. Jeder Segen reinigt. Es ist leichter, in einer gereinigten Atmosphäre zu leben.

Liebe Engel,
ich möchte mich nicht mehr
mit anderen vergleichen.

Wir werden beeinflusst. Von den Medien, den Freunden, den allgemeinen Vorstellungen davon, was »man« macht, und davon, was »man« nicht macht. Von sogenannten Vorbildern, die unerschrocken Kinder aus brennenden Häusern retten, unglaublich kluge und komplizierte Zusammenhänge verstehen oder so schön sind, dass wir nur staunend davorstehen können.

Es gibt immer jemanden, der mehr hat, etwas besser kann, schöner oder beliebter ist als wir. Viele von uns setzen extrem hohe Maßstäbe an sich selbst, und bis diese nicht erreicht sind, erlauben sie sich keine Gelassenheit. Obwohl Zielstrebigkeit uns in vielen Fällen unterstützen mag, ist sie bei dem Wunsch nach einem erfüllten Leben eher zweitrangig. Da sind andere Seiten gefragt: die des Akzeptierens, wie man ist, die des gelassenen Hinnehmens der eigenen Fehlbarkeit, die Freude am Leben, das Ausschöpfen der eigenen Begabungen und Talente.

Wenn wir die ersten Schritte in ein spirituelles Leben tun (die Sie vielleicht schon lange hinter sich haben), dann erkennen wir als Erstes, dass die anderen nicht an allem schuld sind. Wir übernehmen graduell Verantwortung für unser Leben, und anschließend beginnen wir, uns zu verändern.

Mit der Zeit entsteht eine entspanntere Haltung – uns selbst und unseren Mitmenschen gegenüber. Wir können uns an den Begabungen der anderen mehr erfreuen. Auch wir haben Talente und Begabungen, die sich andere wünschen, und es liegt an uns, diese Einzigartigkeit auch zu leben. In der heutigen Situation fragen Sie sich bitte selbst, wo Sie Ihre Maßstäbe ansetzen und mit wem Sie sich vergleichen.

Hier noch eine Übung zu diesem Thema: Erinnern Sie sich an irgendeines Ihrer Talente, das Sie mögen. Das kann das Merken von Zahlen sein, Ihr kreatives Auge, Ihr Talent zum Organisieren oder zum Beispiel – dass Sie singen können.

Wenn Sie wieder erleben, dass Sie sich mit jemand anderem vergleichen, dann sagen Sie in Gedanken einen Satz, der so ähnlich klingt wie: »Soundso hat schon wieder eine Gehaltserhöhung bekommen … und ich kann singen.« – »Soundso sieht mal wieder unglaublich gut aus … und ich kann singen.« – »Soundso hat einfach so folgsame und tolle Kinder … und ich kann singen.«

Entweder lachen Sie jetzt oder schütteln den Kopf. Und genau das haben meine Engel vorgeschlagen. Humor wird uns helfen, unsere unsäglichen Vergleiche abzuschalten. Wenn wir wirklich etwas haben wollen, was der andere hat, können wir versuchen, mehr darüber zu lernen und unser Leben anders zu gestalten. Für die anderen Fälle, in denen die Vergleiche uns einfach nur das Leben schwerer machen, können wir leichter damit umgehen, denn … dafür können wir singen.

Lieber Gott,
bitte hilf mir, nur das zu machen,
was mir entweder Frieden
oder Freude bringt.

*D*iese Anregung meiner Engel hatte ich über drei Jahre an meinem Computer kleben. Es fällt bestimmt nicht nur mir so schwer. Was bedeutet das: »... was uns entweder Frieden oder Freude bringt«? Natürlich bringt es uns Freude, anderen zu helfen. Viele Verantwortlichkeiten – wie zum Beispiel eine hoffentlich gute Mutter zu sein – bringen mir Frieden und gleichzeitig Freude. Mir bringt es allerdings keine Freude, wenn ich schon wieder die nassen Handtücher meiner Tochter vom Badezimmerboden aufhebe. Allerdings bringt es mir Frieden, in einem aufgeräumten Haushalt zu leben.

Wie wohl fühlen wir uns in unserem Leben? Wie erleben wir unseren Beruf, die Art und Weise, wie wir unsere Zeit verbringen, den mehr oder weniger starken Druck, den unsere Familie oder unsere Umwelt auf uns ausüben, damit wir das tun, was sie von uns erwarten?

Wenn es uns gelingt, nur das zu tun, was uns Frieden oder Freude bringt, führen wir ein sehr erfülltes Leben. Meines ist auf jeden Fall um vieles besser geworden. Schlichtweg durch die Tatsache, dass ich es versuche und zum Beispiel Abendessenangebote, die ich nicht wahrnehmen will, auch nicht durchstehe. Ich gehe aus Filmen, die mir nicht gefallen, und verlasse Partys, die mich nicht interessieren. Ich kann in bestimmten Fällen nein sagen, ein Umstand, der erst seit ein paar Jahren in meinem Leben aufgetaucht ist. Ich wünsche mir ein entspannteres Dasein, und ich werde nicht aufgeben, bis ich mich entspannt habe. Basta! Da brauche ich von den Engeln alle Hilfe, die ich kriegen kann. Deshalb findet sich dieser Gedanke auch in den Übungen (3) wieder. Je öfter wir daran denken, desto besser.

Was ist es also, was Ihnen in Ihrem Leben Frieden oder Freude bringt? Und wie viele Dinge machen wir, die uns weder zum einen noch zum anderen verhelfen?

Warum machen wir sie also?

Lieber Gott, liebe Engel,
mit dem nächsten Atemzug
hole ich mich vollständig in mich zurück.
Alles, was nicht meins ist, darf nicht bleiben.

*D*as ist ein wundervolles Abendgebet, das viele Aspekte bedient. Im Laufe des Tages sind wir nicht selten so beschäftigt, dass unsere Lebensenergie nicht mehr vollständig ist. Wie ein Luftballon, der viele kleine Löcher hat, verlieren wir über den Tag unsere Lebenskraft.

Jedes kleine Loch hat einen anderen Grund. Wir mögen uns Sorgen machen, sind vielleicht unkonzentriert, erschöpft, unzufrieden, einsam oder zu beschäftigt. Am Ende des Tages, wenn wir uns in unsere Träume zurückziehen, hilft dieses Gebet, uns wieder vollständig in uns zu versammeln. Wir schließen mit diesem Gebet alle Löcher. Stellen Sie sich vor, Sie sind ein eigenes Sonnensystem mit vielen wunderbaren Sternen und am Abend holen Sie mit diesem Gebet alle Sterne in Ihr Sonnensystem zurück. Zusätzlich sorgt das Gebet dafür, dass sich die Energien der Menschen, die sich mit ihren Wünschen nach Kraft an uns angehängt haben, wieder gelöst werden (siehe Gebet 2).

Wenn Sie abends im Bett liegen, dann entspannen Sie sich bitte mit ein paar tiefen Atemzügen. Fragen Sie die Engel nach einer Farbe. Die Antwort ist, was immer Sie vor Ihrem inneren Auge sehen oder welche Farbe Ihnen in den Sinn kommt. Stellen Sie sich vor, Ihr Atem hat diese bestimmte Farbe und Sie füllen damit Ihren ganzen Körper auf (den Kopf nicht vergessen).

Dann sprechen Sie das Gebet: »Lieber Gott, liebe Engel, mit dem nächsten Atemzug hole ich mich vollständig in mich zurück. Alles, was nicht meins ist, darf nicht bleiben.«

Atmen Sie weiter mit tiefen Atemzügen und stellen Sie sich jetzt dabei vor, dass Sie ein Sonnensystem sind (siehe oben) und alle Ihre »Sterne« wieder zurückholen.

Tun Sie das so lange, wie Sie es für richtig halten. Sie merken schon, wenn es fertig ist.

Ich wünsche Ihnen eine gute Nacht.

Liebe Engel,
bitte bringt mir, was ich brauche,
und nehmt,
was ich nicht brauche.

*D*iesem Gebet gehen nicht selten lange Stunden des Nach-denkens voraus. Zwei Aspekte werden wohl gleichmäßig berührt: einmal herauszufinden, was wir brauchen und was wir nicht brauchen, und zum Zweiten das Vertrauen in solch ein Gebet.

Haben wir das Vertrauen in die himmlische Welt, dass wir so ein freizügiges Gebet auch wirklich aus vollem Herzen sprechen kön-nen?

Als ich es vor vielen Jahren zum ersten Mal sprach, tat ich das nicht mit einem vertrauensvollen Gefühl. Ich schickte es mit Vorsicht los. Mein Verhältnis zu Gott und den Engeln war noch nicht besonders gefestigt, und ich war mir nicht sicher, ob ich denn die Sorge um »alles, was ich brauche oder nicht brauche«, so einfach dem Universum anvertrauen sollte. Ich habe mich in meinem Leben immer wieder mit meinem durchaus vorhandenen Kontrollbedürfnis auseinandersetzen müssen, und hier gab ich gleich sehr viel Kontrolle auf einmal auf.

Welche Sorgen haben wir also, wenn wir dieses Gebet sprechen? Was, befürchten wir, könnte uns weggenommen werden? Oder was befürchten wir zu bekommen?

Dieses Gebet empfand ich für mich als einen äußerst wichtigen Schritt hin zu meinem Vertrauen zu Gott und den Engeln. Und falls es Sie interessiert: Es wurde nichts entfernt, auf das ich nicht leicht hätte verzichten können.

Übungen

Liebe Engel,
wenn ich heute meine Mitte verliere,
helft mir dabei,
dass es mir schneller bewusst wird.

Früher war mir nicht bewusst, dass ich so gut wie nie in meinem Zentrum war. Mein hektisches Umhertreiben war mein Normalzustand. Ich wurde, wie eine Fahne im Wind, vom Leben herumgeschleudert. Ich dachte, dieser Zustand sei normal; und erst als ich mein spirituelles Leben begann, dämmerte es mir, dass es da eine andere Möglichkeit zu leben gibt. Ich habe ziemlich viel ausprobiert, mein Zentrum zu finden. Ich habe mich barfuß auf die Erde gestellt, gesungen, meditiert, getrommelt und mich um meine »Waisenkinder« gekümmert (siehe Lösungsweg 25). Eine weitere Möglichkeit möchte ich hier vorstellen, denn sie hat sich als ausgesprochen hilfreich und praktisch erwiesen.

Wenn etwas passiert, was uns emotional durchschüttelt, splittern wir uns ab. Ein Teil von uns geht in die Vergangenheit, ein anderer in die Zukunft, ein weiterer in die Vorstellung von dem schlimmsten Fall. Gleichzeitig überkommt uns nicht selten kurz danach eine große Müdigkeit. Das ist immer ein Zeichen von

Flucht und ein direktes Ergebnis dieser Absplitterung. Wir wissen vor lauter Hin und Her nicht mehr, wo wir sind. Und wir sind auf keinen Fall in unserer Gegenwart. Da gehören wir aber hin.

Wenn ich diese Absplitterung bemerke – meistens erst, wenn ich unfassbar müde werde –, dann versuche ich, wie bei einer Schnitzeljagd, zurückzugehen zu dem Moment, in dem ich mich noch wohl fühlte.

Dann frage ich mich: Wann habe ich mich abgesplittert? Was genau ist passiert? War es ein Wort, ein Gedanke, eine Situation?

Übrigens, da wir menschliche Erfahrungen machen, passieren diese Absplitterungen nun mal. Eine wichtige Voraussetzung, um ein erfülltes Leben zu leben, hat mit der Akzeptanz von ebendiesen menschlichen Erfahrungen zu tun. Wir wünschen uns eine hohe Sensibilität, aber die kommt nun mal mit einer – raten Sie mal – hohen Sensibilität. Genau das, was wir eigentlich nicht haben wollen, wenn es um Angriffe, Schmerzen und Enttäuschungen geht. Aber ein tiefes spirituelles Verständnis kommt immer mit mehr Empfindsamkeit. Keine Sorge, das ist es wert, denn wir lernen, auch damit umzugehen.

Eines der für mich wirkungsvollsten Hilfsmittel, mich wieder ganz in mich selbst zurückzuholen (also in den Körper und in das Jetzt), ist das aufmerksame Beobachten meiner Umgebung. Ich sage dann halblaut oder in Gedanken: »Ich sehe eine rote Couch, einen weißen Fensterrahmen, gelbe Blumen, eine graue Brille auf dem Tisch.«

Ja, ich weiß, das Ganze klingt zu einfach, vielleicht auch zu dämlich, um zu wirken. Aber es wirkt.

Eine weitere Möglichkeit ist das schnelle seitliche Hin-und-her-Bewegen der Augen (rapid eye movement). Beobachten Sie dabei Ihre Gefühle und hören Sie erst dann auf, wenn Sie wieder entspannter sind.

Diese Übung ist ebenfalls in den Lösungswegen (7). Mir war sie so wichtig, dass ich sie in beiden Bereichen haben wollte.

Liebe Engel,
bitte helft mir,
mich aus allem Klatsch und Tratsch
herauszuhalten.

*F*alls Sie für die Klatschkolumne in einer Zeitschrift zuständig sein sollten, wird das ein schwieriges Unterfangen sein. Da nutzt es vielleicht im ersten Schritt, wenn Sie einfach aufmerksam miterleben, was heute so passiert.

Als ich zum ersten Mal diese Übung machte, fiel sie mir sehr schwer. Ich wusste gar nicht, wie oft ich über andere Leute rede. Ich fragte mich auch, wann etwas Klatsch und Tratsch ist und wann interessiertes Mitgefühl. Vor kurzem erfuhr ich zum Beispiel von dem Drogenkonsum eines Mädchens, das früher die beste Freundin meiner Tochter war. Natürlich traf ich mich mit ihrer Mutter, um ihr davon zu erzählen. Das ist eine Information, die sie dringend braucht, damit sie die nötigen Schritte einleitet, um ihrer Tochter zu helfen.

Manchmal suchen wir uns unter Freundinnen oder Kollegen bestimmte Gesprächsthemen: das Wetter, den nervigen Kerl am Empfang, die unhöfliche Chefin. Wir verbinden uns in den gemeinsamen Beschwerden, und damit unterstützen wir eine Energie, die es uns nicht leichter macht. Trotzdem fühlen wir uns gerade dann mit den anderen sehr verbunden. Und hier liegt die Herausforderung: Wir können ein anderes Gesprächsthema finden. Vielleicht sogar mit der unhöflichen Chefin reden und herauszufinden versuchen, was denn ihre schlechte Stimmung verursacht. Dann hilft vielfach ein einfaches »Kann ich etwas für Sie tun, damit es Ihnen bessergeht?«. Das Ganze natürlich ohne den Hauch von Ironie ... und das mag häufig das Schwierigste an dieser Übung sein.

Mach nur,

was dir entweder Frieden oder Freude bringt.

Lass dich von nichts und niemandem

davon abhalten.

*Ü*bung 3 finden Sie auch bei den Gebeten (27). Sie war mir so wichtig, dass ich sie in beiden Rubriken aufführen wollte.

Es gibt bestimmte Sätze, die einen nicht mehr loslassen. Er hat viele Gedanken angeregt und ebenso viele Diskussionen. Er war Zentrum vieler Meditationen und häufigen Kopfschüttelns. Zarathustra, einer meiner Lehrer, sagte ihn mal. Und er sagte ihn sehr langsam. Jede Silbe betonend. Woran ich mich am meisten erinnere, war das Gefühl, das er dabei vermittelte. Ich empfand es so wie: »Was macht ihr nur, meine lieben Menschenkinder, das Leben kann doch so einfach sein? Macht einfach nur, was euch entweder Frieden oder Freude bringt. Ja, und übrigens, lasst euch einfach nicht davon abhalten.« Einfach? Einfach ist das weiß Gott nicht.

Was halten Sie von unserer berühmten Liste? Schreiben Sie sich zuerst auf, wie Sie Ihr Leben einteilen. Was Sie machen, wie oft oder wie selten. Auf einer zweiten Seite schreiben Sie sich bitte auf, was Ihnen Freude bringen würde. Natürlich können dort auch Sachen stehen, von denen Sie erst mal nur annehmen, dass sie Ihnen Freude machen (ein Tanzkurs, eine lange Reise mit dem Fahrrad, Französisch lernen). Auf einer weiteren Seite das, was Ihnen Frieden bringen würde. Verbringen Sie einfach … (hier ist schon wieder das Wort »einfach«, das häufig recht viel Aufmerksamkeit fordert), also noch mal: Verbringen Sie Zeit damit, darüber nachzudenken. Vielleicht ist es ein herrliches Gespräch in der Kantine oder am Abendbrottisch? Und vielleicht ergibt sich ja dann auch eine Liste von all den Dingen, die weder Frieden noch Freude bringen. Und ja, dann wohl auch der Gedanke, wie man das loswerden könnte. Falls wir uns einmal treffen sollten, würde ich mich freuen, herauszufinden, wie weit Sie damit gekommen sind. Viel Erfolg wünsche ich Ihnen dabei.

Was ist es also, was Ihnen in Ihrem Leben Frieden oder Freude bringt? Und wie viele Dinge machen wir, die uns weder das eine noch das andere bringen?

Warum machen wir sie also?

Liebe Engel,
ich möchte jeden Menschen
wahrnehmen.

*K*eine Sorge, es wird von Ihnen nicht erwartet, dass Sie jeden anstarren, der Ihnen auf der Straße begegnet. Dies ist eine Achtsamkeitsübung, und sie ist dazu gedacht, Aufmerksamkeit auf das Leben und den Tag zu legen.

Wenn wir unsere Aufmerksamkeit auf unsere Mitmenschen lenken, dann sind wir ganz im Körper. Wir verlassen ihn nicht, sondern wir leben vollständig! Gerade spirituelle Menschen haben die Angewohnheit, selten wirklich ganz im Körper zu sein. Wir führen kein spirituelles Leben, um unseren Körper zu verlassen. Es ist unsere Aufgabe, im Körper ein spirituelles Leben zu führen und nicht in imaginären Welten. Wenn wir wollen, dass unser Körper gesund bleibt, dann müssen wir ihm die nötige Kraft zuführen. Unsere Seele hat mit Gottes Hilfe diesen Körper gestaltet, und der will mit unserem Geist und unserem Leben aufgefüllt sein. Wenn wir nur zu zehn Prozent im Körper sind, weil wir die meiste Zeit sonst wo verbringen, dann ist es kein Wunder, dass es dem Körper an Kraft fehlt und er uns schlappmacht.

Am heutigen Tag wird uns wahrscheinlich auch auffallen, ob wir unseren Körper nur mit uns mitschleppen, ohne ihn wirklich auszufüllen. Übrigens, seien Sie nicht zu ungeduldig mit sich, wenn Sie die heutige Aufgabe schon nach ein paar Begegnungen vergessen haben und sich erst viel später wieder daran erinnern. Es ist normal für alle neuen Übungen.

Schmunzeln Sie über sich, seien Sie großzügig mit sich.

Genau so, wie es unsere Engel sind.

PS: Manchmal wird diese Übung vom anderen Geschlecht als Aufforderung zum Flirten verstanden. Auch eine interessante Erfahrung.

Liebe Engel,
bitte erinnert mich daran,
dass ich heute
viele Komplimente vergeben möchte.

Ü

*E*s ist einfach eine wundervolle Sache! Sie werden sehen, wie viel Freude Sie mit einfachen Worten verschenken können. Wenn ich irgendeiner Frau ein Kompliment mache, wie toll ihr zum Beispiel der Mantel steht, schaut sie häufig erst einmal verdutzt. Wir sind es nicht gewohnt, dass wir Komplimente bekommen. Wie herrlich, wenn wir es zur Gewohnheit machen. Und wenn Sie eines bekommen, bedanken Sie sich einfach. Kein »Ach, das ist ja gar nichts«. Sondern freuen Sie sich einfach darüber. Nehmen Sie das Geschenk des Kompliments selbst an. Ich habe lange Zeit dazu gebraucht, bis ich ein Kompliment mit einem einfachen »Vielen Dank« und einem Lächeln annehmen konnte.

Liebe Engel,
erinnert mich daran,
Spaß zu haben.

*B*ei all unseren Verpflichtungen vergessen wir häufig, was uns eigentlich Spaß macht. Das Leben ist auch zum Genießen da, nicht nur dazu, pünktlich zu sein, zu funktionieren und den Abfall zu trennen. Was also macht uns Spaß?

Meine Engel gaben mir vor vielen Jahren die Aufgabe, einen halben Tag in der Woche etwas zu tun, was mir Spaß macht. Ich nahm mir ein Blatt Papier und wollte mir eine Liste machen – ich liebe Listen. Zwei Tage später stand immer noch nichts drauf. Mir fiel nichts ein.

Meine Engel haben mir mal ein Bild von unserer Erde gezeigt. Um diese Erde lag eine Art Nebel. Der Nebel besteht aus der Stimmung, die wir Menschen über die Erde legen. Häufig gibt es Momente, die in uns Ängste auslösen, und manche Ängste sind globaler Natur. Natürlich haben unsere Ängste auch eine Aufgabe: uns zu zeigen, was wir verbessern können und wo unsere Probleme liegen. Je mehr unnötige Sorgen wir uns machen, desto dichter ist der Nebel.

Und so ist jeder Einzelne von uns aufgerufen, diesen Nebel zu lichten. Durch Gedanken, durch Worte und durch Taten. In unserem Leben wird es wahrscheinlich viele Herausforderungen geben, und deshalb ist es umso wichtiger, diesen Herausforderungen einen Gegenpol zu liefern: Freude, Lachen, Spaß und Lust am Leben.

Denn es gibt wohl keine schönere Sicht, als wenn sich der Nebel lichtet und uns den Blick frei macht auf einen wundervollen Ausblick.

Liebe Engel,
ich möchte aufmerksam
auf meinen Atem hören.

*A*uch dies ist eine Achtsamkeitsübung, in der wir uns des göttlichen Atems bewusst werden. Wir nehmen uns die Zeit, unseren Atem wahrzunehmen und ihn zu ehren.

Das Zuhören ist ganz einfach. Beim Ein- wie beim Ausatmen entstehen unterschiedliche Geräusche. Versuchen Sie nicht, »besonders« zu atmen. Es soll uns ja auffallen, wie wir im normalen Tagesablauf atmen. Wann wir flach, wann hektisch, wann tief ein- und ausatmen. Im Laufe des Tages werden Sie sich häufig an diese Übung erinnern. In diesem Moment wird sich Ihr Atmen sofort verändern, tiefer werden, ruhiger, klarer.

Für die Raucher unter Ihnen: Keine Angst, dies ist keine Lektion gegen das Rauchen. Sie wissen selbst, dass es ungesund ist. Viele haben mit dem Rauchen angefangen, weil sie es als Genuss empfanden oder es ein praktisches Mittel zur Entspannung war. Genießen Sie das Rauchen noch? Oder rauchen Sie als Ablenkung, aus Nervosität oder schlichtweg aus Gewohnheit? Vielleicht mag es Ihnen helfen, heute einfach nur dann zu rauchen, wenn Sie es genießen. Damit versuchen Sie, die hektische oder die gelangweilte Zigarette auszulassen.

Ich hoffe, für alle Nichtraucher war das nicht zu viel an Information. Aber Sie waren wahrscheinlich zu sehr damit beschäftigt, auf Ihren Atem zu hören …

*Liebe Engel,
mir ist es bewusst, was für eine Gnade
es bedeutet, einen Körper zu haben.
Ich werde ihn heute besonders gut behandeln.*

*J*eder von uns hat schon mal ein Kleinkind gesehen, das auf wackligen Beinen das Gehen versucht. Und jeder von uns hat erlebt, mit wie viel Enthusiasmus und Lob der kleine Erdenmensch überschüttet wird, wenn es klappt. Beim gelegentlichen Hinfallen wird er getröstet und liebevoll umarmt, bis er dann nach einigem Pusten und einem »Heile, heile Segen« wieder bereit ist aufzustehen.

Wenn wir doch nur auch so mit uns selbst und unseren gelegentlichen Schmerzen umgingen! Wir kämpfen gegen unsere Krankheiten, und unser Körper wird zum Schlachtfeld. Wir beschimpfen das kaputte Knie, die schwache Bandscheibe und den vermaledeiten Rücken. Und doch gehören alle diese Teile zu uns und sind wie kleine Kinder, die Trost brauchen.

Heute, nehmen wir uns vor, behandeln wir unseren Körper gut. In Gedanken oder im Gebet mögen wir uns fragen: »Was kann ich für dich tun?« Und wir haben nun die Gelegenheit, in uns hineinzuhören, was unser Körper braucht. Er wird sich mit Dankbarkeit zurückmelden. Uns wird wieder mal bewusst werden, was wir – trotz unserer Einschränkungen – noch tun können: was wir zu riechen, schmecken, ertasten vermögen.

Und auch die unter uns, die unter großen körperlichen Herausforderungen leiden: Stellen Sie sich den Trost vor, den Eltern ihrem Kind bei seinen ersten Schritten spenden, und geben Sie sich diesen Trost selbst.

Liebe Engel,
ich möchte mich bei euch bedanken,
und deshalb singe ich heute,
sooft ich kann.

Ü

*E*s tut mir leid, die Ausrede gilt nicht: Sie glauben doch nicht im Ernst, dass ein falscher Ton die Engel stören würde? Es gibt keinen Grund, nicht zu singen, außer Sie sind stumm. Singen Sie in der Dusche, beim Autofahren oder wenn Sie zum Mittagessen gehen. Summen Sie vor sich hin; und wenn Sie allein sind, dann trällern Sie nur so drauflos. Lassen Sie die Töne aus sich herauskommen. Holen Sie tief Luft und lassen Sie einfach heraus, was herauswill.

Neben der Freude, die Sie den Engeln mit Ihrer Stimme machen, werden Sie feststellen, dass sich auch Ihre Stimmung entscheidend verbessern wird. Meine Engel haben mir mal gesagt, dass man nicht gleichzeitig singen und traurig sein kann. Das kann ich nur bestätigen.

Für eine ganz bestimmte Übung nehmen Sie sich heute bitte zwanzig Minuten Zeit: Setzen Sie sich bequem hin. Beten Sie und bitten Sie Ihre Engel, wie immer bei Ihnen zu sein. Dann lassen Sie langsam Töne heraus.

Ihre Seele will singen. Das ist kein bestimmtes Lied (wenn Ihnen das aber die erste Hemmschwelle nimmt, dann kann es natürlich gern auch ein Lied sein), sondern Sie verlassen sich einfach darauf, dass die Töne ganz natürlich aus Ihnen hervorkommen, die herauskommen sollen. Sie müssen nicht groß über das Lied Ihrer Seele nachdenken. Diese Töne, die sich so ganz natürlich ergeben, sind eine große Beruhigung für unser Nervensystem und unseren Körper.

Ich habe jahrelang meine Meditationen gesungen. Ich saß im Lotussitz oder lag im Bett und summte vor mich hin. Ich bemühte mich natürlich, andere nicht zu stören, und ging deshalb häufig früher ins Schlafzimmer. Es war für mich immer eine große Beruhigung. Irgendwie »summt« mein Körper mit.

Ich mache sie häufig heute noch so, damals allerdings gab es kaum eine Meditation ohne meine Töne.

Liebe Engel,
ich möchte mich heute
bei jeder Wartezeit bewusst entspannen
und aufmerksam meine Umgebung beobachten.

*I*ch habe noch niemanden kennengelernt, der gern wartet. Es gibt allerdings einige von uns, die ihre Wartezeit auffüllen. Sie nehmen sich etwas zu lesen mit, rufen jemanden an, senden SMS oder beschweren sich.

Unsere Zeit ist so schnell geworden. Mit Handy, Fax und E-Mail wird von uns erwartet, dass wir jederzeit erreichbar sind. Und das sind wir häufig auch. Wo ist die Zeit geblieben, in der wir uns gelangweilt haben? In der ein Brief ein paar Wochen dauerte, bis er beantwortet wurde, und eine Freundin schlichtweg für Tage unerreichbar war?

Heute bemühen wir uns, unsere Wartezeiten schätzen zu lernen. Stellen wir uns vor, dass wir Engel sind, die sich aufmerksam die Welt anschauen. Oder, wenn Ihnen das leichter fällt, stellen Sie sich vor, Sie kommen von einem fremden Planeten und müssen zurückberichten, wie es hier zugeht. Erstaunliches würde uns auffallen.

Ü

Und als Zweites lassen Sie jedes Mal, wenn Sie sich in einer Wartezeit wieder finden, ihre Schultern sinken. Nichts weiter. Einfach nur die Schultern sinken lassen.

Liebe Engel,
ich möchte heute
alle Geräusche wahrnehmen.

E gal, was es ist – die laute Sirene der Polizei, das Geräusch meines Atems, das Kinderlachen, die Vögel oder die Gangschaltung –: Wir konzentrieren uns auf die verschiedenen Geräusche, die wir so in unserem Leben hören.

Falls Sie die Möglichkeit haben, versuchen Sie, heute einen stillen Platz zu finden. Ich benutze dazu auch gern Ohrenstöpsel. Natürlich ist es dann nicht völlig ruhig. Ich höre meinen Pulsschlag und nicht selten mein Blut rauschen. Auch ein sehr spannendes Geräusch …!

Liebe Engel,
bitte schickt mir heute jemanden,
den ich einfach nicht verstehe.

D iese Aufgabe wurde mir vor Jahren gestellt, und was ich als Nächstes sah, war ein tätowierter, durchgestochener Mann, der auf der Straße stand und sich mit einem Freund unterhielt. Ich konnte damals tätowierte Menschen nicht begreifen; ich sollte so die Gelegenheit nutzen, um mich mal wirklich zu erkundigen, warum jemand so etwas mit sich machen lässt. Seltsamerweise (die Engel wissen schon, wie sie das arrangieren müssen) standen er und ich kurz danach nebeneinander vor einer Ampel, die einfach nicht grün werden wollte. Ich wusste genau, warum die Ampel so lange brauchte: weil ich so lange brauchte. Schließlich – schon beim Hinübergehen – fasste ich mir ein Herz: »Darf ich Sie mal was fragen?«

Erstaunt drehte er sich zu mir herum. »Ja?«

»Können Sie mir bitte erklären, warum Sie sich so tätowieren? Machen Sie sich denn keine Sorgen, dass Ihnen das irgendwann einmal nicht mehr gefallen wird?«

Wir standen an der anderen Straßenseite und unterhielten uns für eine Weile. Ich erfuhr viel. Er sah sich als Kunstwerk. Sein Körper war seine Leinwand. Er deutete auf die Männer, die mit Anzügen hektisch durch ihre Mittagspause liefen: »So will ich nicht aussehen. Ich find es spannend, wie ich aussehe. Jedes Tattoo hat eine Geschichte. Ich bin eigentlich«, und dabei lachte er, »ein Poesiealbum.«

Ich hab ihn verstanden. Tätowieren lassen habe ich mich trotzdem nicht.

Wen also verstehen wir nicht? Den Punker? Die Nachbarin, die täglich mit ihrem Sofakissen unter den Armen über der Brüstung hängt? Den Chef, der nie nach Hause geht?

Jeder von uns trifft seine Entscheidungen so, wie er sie für richtig hält. Es ist spannend, herauszufinden, warum das so ist. Wir erfahren dadurch mehr über unsere Mitmenschen. Wir öffnen unser Herz und machen uns weiter auf für die Erfahrungen anderer Menschen.

Arroganz schleicht sich nicht selten in ein spirituelles Leben ein. Wir haben viel geübt, viel gelernt, und wir haben nicht selten das Gefühl, dass wir vieles besser wüssten. Dadurch übersehen wir gern, dass nur, weil wir etwas für richtig halten, es für die anderen noch lange nicht passend sein muss. Wir lernen etwas dazu: Wir sehen, unter welchen anderen Umständen unsere Mitmenschen ihre Entscheidungen treffen. Wir leben also nicht nur unser eigenes Leben, sondern erleben die Gnade, das Leben eines anderen verstehen zu dürfen.

Und ja, die Übung erfordert Mut. Aber Sie haben bestimmt schon gemerkt, dass das bei vielen dieser Übungen der Fall ist. Wenn Sie offen lächeln und wirklich interessiert daran sind, dann werden Sie selten eine Abfuhr erleben.

Liebe Engel,
bitte zeigt mir heute all das,
was ich von anderen verlange,
aber selbst nicht immer mache.

*D*iese Übung beginnt mit einer Liste. Einer Liste über all die Dinge, die Sie erwarten.

Von anderen.

Höflichkeit. Ehrenhaftigkeit. Dass nicht gelogen wird. Wärme. Nachgiebigkeit. Geduld. Aufmerksamkeit … was immer es ist, was Ihnen persönlich wichtig ist.

Und dann beginnt das Überprüfen. Mache ich all diese Dinge oder gibt es bei mir ebenfalls Ausnahmen?

Bin ich unhöflich, wenn ich keine Zeit habe?

Bin ich ehrlich in meiner Steuererklärung?

Meckere ich, obwohl ich es bei anderen nicht ertragen kann?

Je ehrlicher und länger wir diese Liste anschauen, desto häufiger merken wir, dass auch bei uns Perfektion noch nicht eingetreten ist. Dadurch mag hoffentlich eine gewisse Toleranz entstehen – wenn wir erkennen, dass jeder seine kleinen oder großen »Macken« hat.

*Liebe Engel,
ich möchte heute
meine Gedanken beobachten.*

Wir beobachten nur. Wir verurteilen nicht. Versuchen nicht, »nichts« zu denken. Wir sind wie die Besucher in einem Kino: Wir schauen uns auf der Leinwand unseres Gehirns an, was da dauernd aufflimmert. Wie häufig denke ich zum Beispiel an Situationen, die mich eigentlich nichts angehen? Die nicht meine Angelegenheit sind und zu deren Lösung ich eigentlich nichts beitragen kann? Wie häufig denke ich das Gleiche? Immer und immer wieder, schon tausendmal durchgekaut und doch nie richtig verdaut. Wie häufig verweile ich mit meinen Gedanken in der Vergangenheit oder in der Zukunft? Bin ich wirklich richtig da?

Was denke ich und wie denke ich? Manchmal fällt uns gar nicht auf, wie oft wir denken: »Ach, die U-Bahn verpasse ich ja sowieso.« Oder: »Das ist ja wieder typisch, dass mir so was passieren muss.« Von dieser heutigen Übung wird mal wieder viel Aufmerksamkeit verlangt. Und noch mal: nur beobachten. Feststellen:

»Ah, so denke ich also. Interessant.« Das Erkennen reicht. Fürs Erste. Bitte ignorieren Sie für heute den zweiten Teil:

Wenn Sie diese Seite schon einmal aufgeschlagen haben, dann gibt es eine weitere Übung dazu:
Ab jetzt beobachten Sie nicht nur, sondern Sie halten jeden negativen Gedankengang auf mit den Worten: »Ich will dich nicht, ich brauche dich nicht, gehe ins Licht.« Den eigenen Gedanken zuzuhören ist sehr anstrengend, schließlich haben wir ja auch noch ein Leben zu leben. Denken Sie daran, dass es völlig normal ist, wenn Sie diese Aufgabe mehrmals vergessen. Es steht Ihnen frei, diese Übung so lange zu machen, wie Sie wollen.

Und hier ist noch eine weitere Übung:
Byron Katie (The Work) hat mich in vielen Dingen sehr beeindruckt. Besonders ihre Aussage: »Es gibt drei Angelegenheiten im Universum: meine, deine und Gottes Angelegenheiten. Bemühe dich, dich nur um deine Angelegenheiten zu kümmern.«
Was sind also Gottes Angelegenheiten? Ob jemand gesund oder krank ist, ob jemand stirbt, welche Situationen und Herausforderungen sich für die Welt oder andere ergeben.
Die Herausforderung der »anderen« sind eigentlich ziemlich eindeutig – alles, was nicht wirklich meine Angelegenheit ist: die Ehe meiner Freundin, die Arbeit meines Kollegen und die Entscheidungen meines Chefs, um nur ein paar Beispiele zu nennen. Was bleibt also übrig? Meine Angelegenheiten.
Als ich es damals zum ersten Mal ausprobiert hatte, stellte ich erst einmal fest, wie häufig ich mich in den Angelegenheiten anderer aufhielt. Und als ich dann aktiv daran arbeitete, mich nur um meine Angelegenheiten zu kümmern, fiel mir auf, dass ich manchmal nicht wusste, worüber ich nachdenken sollte. Ich hatte so viel freie Zeit in meinem Gehirn.
Ich bin gespannt, wie es Ihnen dabei geht.

Liebe Engel,
helft mir bitte dabei,
keine Ratschläge zu geben.

Ü

*W*ie schwer diese Übung ist, hängt davon ab, wie viele Ratschläge Sie denn so am Tag erteilen. Bitten Sie Ihre Engel, dass sie Sie daran erinnern, wenn Sie – automatisch und unbewusst – einen ungebetenen Rat gegeben haben.

Ich gehe dazu ins Gebet und bitte meine Engel, mich mit einer körperlichen Reaktion darauf aufmerksam zu machen, wenn ich etwas tue, was ich heute nicht vorhabe: Ich bin also still, beobachte meinen Körper, halte die Augen geschlossen und warte, was da kommt. Manchmal gibt es ein Kitzeln, manchmal einen Hustenreiz. Einmal hatte ich einen stechenden Schmerz im Herzen.  Ich nehme das erste Zeichen, das mir auffällt. Dann beginne ich meinen Tag. Gelegentlich werde ich dann eben durch die eine körperliche Reaktion erinnert, die mir am Morgen im Gebet gegeben worden ist.

Was aber tun, wenn ausgerechnet heute jemand wirklich dringend unseren Rat wünscht? Wie wäre es dann mit folgenden Vorschlägen? »Hm, ich bin sicher, du hast dir ja selbst schon Gedanken gemacht. Wohin tendierst du denn?« Oder: »Mich interessiert, welche Schritte du dir bereits überlegt hast. Hast du denn schon endgültig etwas verworfen?« – »Was sagt dir denn deine innere Stimme?« – »Hast du Lust, eine Engelmeditation mit mir zu machen und vielleicht deinen Engel zu fragen?«

Oder schlagen Sie die Übung in Lösungsweg 9 nach.

Liebe Engel,
bitte helft mir,
mich an jedem Augenblick
zu erfreuen.

E ine bekannte spirituelle Übung ist, sich vorzustellen, dass man nur noch einen Tag zu leben hätte. Wie würde man ihn verbringen? Was tun? Wie sich verhalten?

Wahrscheinlich würden wir jede Situation, in der wir uns heute wieder finden, mit neuen, aufmerksamen Augen betrachten. Der Regen würde uns nicht mehr stören, es wäre ja der letzte, den wir erlebten. Jedes Gespräch hätte wahrscheinlich eine bedeutungsvollere Tiefe. Jeder Bissen würde endlich – wie von allen Ernährungswissenschaftlern gefordert – fünfzigmal gekaut. Schließlich würden wir bald nichts mehr schmecken.

Wie nah würden wir den Engeln sein wollen?

Wie würden wir unsere Liebsten berühren?

Was würden wir sagen?

In diesen unseren letzten Augenblicken?

ÜBUNG 17

Liebe Engel,
ich möchte mich heute persönlich
für all die wunderbaren Dinge
in meinem Leben bedanken.

D as wird ein herrlicher Tag! Uns wird erst richtig bewusst, wie gut wir es haben. Wir können den Telefonhörer abheben, und da ist doch tatsächlich jemand dran, der weit weg wohnt. Das Auto, das uns von A nach B bringt. Die Beine, die das auch tun. Die Heizung, die uns wärmt, und das warme Wasser! Oder überhaupt: fließendes Wasser …!

In einem anderen Gebet bedanken wir uns für all die Dinge, die funktionieren. Bei dieser Übung machen wir das Ganze noch einen Tick interessanter. Ich möchte Sie bitten, sich wirklich aktiv dafür zu bedanken. Das kann sich zum Beispiel so anhören: »Lieber Taxifahrer, vielen Dank, dass Sie mich so schnell und sicher nach Hause gebracht haben.«

»Mein Sohn, ich war heute schwer begeistert, dass du wirklich dein Bett selbst gemacht hast, und ich habe dich gar nicht daran erinnern müssen.«

»Liebe Auskunft, danke, dass Sie die Telefonnummer von meinem Friseur wissen. So habe ich sehr viel Zeit gespart.«

»Liebe Ampel, wie schön, dass du doch immer wieder grün wirst.«

Das wird noch sehr viel komischer werden, wenn Sie sich wirklich überall bedanken. Nein, auf diese Übung muss man nicht verzichten, Sie werden auch nicht eingeliefert: Bedanken Sie sich bei der Ampel halt einfach ein bisschen leiser. Die Engel freuen sich bei jedem Bedanken.

Liebe Engel,
ich möchte mich so sehen,
wie ihr mich seht.

Für diese Übung brauchen Sie einen (am besten großen) Spiegel und Zeit.

Eine meiner liebsten Freundinnen – in meinen Augen eine sehr schöne Frau – hatte mit dieser Übung ihre größten Schwierigkeiten. Sie fand sich zu dick und zu alt, ihre Hüften zu breit und ihre Haare zu dünn. Sie machte diese Übung über einen Monat lang und weinte nicht selten dabei. Im Laufe dieser Übung freundete sie sich mit jedem Körperteil an. Mit der Zeit beginnen wir, uns mit den Augen der Engel zu sehen. Sie lieben uns. Genau so, wie wir sind, denn sie wissen, dass vieles, was wir sehen, nur oberflächlich ist.

In dieser Übung geht es nicht darum, dass wir uns verändern wollen. Wir bitten unsere Engel nicht, dass wir schlanker werden. Wir bitten unsere Engel, dass sie uns helfen, uns selbst und unseren Körper so zu sehen, wie sie ihn sehen.

Nicht jedes Baby ist im landläufigen Sinne schön, und doch wird es von den Eltern geliebt. Schaffen wir das Gleiche mit uns selbst? Würden wir unser Kind im Krankenhaus lassen, weil es den gängigen »Baby-Schönheitsidealen« nicht entspricht? Wohl kaum, wir ziehen es selbstverständlich mit Liebe auf. Und etwas Ähnliches machen wir jetzt mit uns selbst.

Beginnen Sie mit dem Körperteil, den Sie mögen. Ihre Haare vielleicht oder Ihre Haut. Und dann – ja, ich weiß, wie schrecklich, das kann ich jetzt doch nicht ernst meinen! – das Ganze auch noch laut (Sie können die Badezimmertür ja absperren): »Ich freue mich über meine schönen Haare.« Oder – wenn Sie es wirklich empfinden können –: »Ich liebe meine schönen Haare.«

Die Körperteile, die uns gefallen, sind ja noch recht einfach zu mögen. Bei den anderen wird es dann schon schwieriger. Was ist es genau, was uns nicht gefällt? Beantworten Sie diese Frage bei jedem Körperteil, mit dem Sie Schwierigkeiten haben. Dann stellen Sie sich vor, es wäre Ihr Kind, Ihr Baby. Können Sie denn gar nichts Liebenswertes daran finden? Irgendetwas? Die Farbe vielleicht? Das Anfühlen?

Wenn es nun gar nicht geht, dann sagen Sie einfach etwa folgenden Satz: »Liebe O-Beine, ich wünschte mir, ich könnte euch lieben«, und belassen Sie es dabei. Fürs Erste.

Wenn Sie Lust haben und Sie sich während dieser Übung im Spiegel anschauen, dann versuchen Sie, Ihren Blick unscharf zu machen. Suchen Sie sich einen Fokussierungspunkt, der viel weiter hinten liegt. Manchmal können Sie dann einen oder mehrere Engel erahnen, die hinter Ihnen stehen.

Liebe Engel,
ich möchte heute in meinem Körper bleiben
und ihn nicht verlassen.

*G*erade spirituelle Menschen suchen häufig nach Wegen, ihren Körper zu verlassen. »Wenn ich mich nur immer so glücklich fühlen könnte wie nach einer langen Meditation!« – »Wenn ich nur die Stille in meinem Leben hätte wie nach einem tiefen Gebet.« Aber das Leben ist zum Leben da, und das Leben ist nun mal gelegentlich anstrengend.

Wenn wir unseren Körper verlassen, entziehen wir ihm unsere Kraft. Während wir uns in anderen Welten oder in anderen Wunschszenarios aufhalten, sind wir nicht da. Das heißt übrigens keineswegs, dass wir nicht phantasieren sollen. Die Phantasie und die Vorstellungsgabe sind eine wunderbare Vorbereitung dafür, wie man sein Leben verbessern und verändern kann. Das darf nur nicht den ganzen Tag dauern.

Heute also bleiben wir im Körper. Sie werden relativ schnell merken, wenn Sie nicht da sind, denn dann wissen Sie zum Beispiel nicht mehr, wie Sie von A nach B gekommen sind. Die meisten Autofahrer »sind nicht da«! Wenn Sie im Körper sind, dann fallen Ihnen Dinge und Menschen auf. Welche Farbe der Mantel von dem Fußgänger hatte. Ob die Frau gegenüber eine Brille trägt. Ob die Hauswand weiß oder grau ist und wie viele rote Autos an der Ampel stehen. Wir denken weniger, denn wir haben mehr damit zu tun, das aufzunehmen, was uns beim aufmerksamen Beobachten auffällt.

Sie werden das Leben sehr viel intensiver erleben. Sie werden jeden Bissen, den Sie zu sich nehmen, richtig schmecken. Der Tag wird Ihnen sehr viel länger vorkommen.

Liebe Engel,

schickt mir

weise Meister.

*W*ir sind wohl immer auf der Suche nach dem klügsten und dem weisesten Menschen, von dem wir lernen können und der uns gute Ratschläge geben kann. Heute stellen wir uns vor, dass unsere Engel uns nur weise Menschen schicken. Und jeder, der etwas zu sagen hat, hat wirklich etwas zu sagen.

Am Abend ziehen Sie Ihre eigenen Schlüsse daraus. Aber während des Tages hören Sie nur aufmerksam zu und versuchen – ohne Widerspruch –, einfach aufzunehmen, was da an Weisheit kommt.

Vielleicht, ja, vielleicht ist der Mensch, der Sie gerade mit seinem Taxi zum Bahnhof fährt, der weiseste Mensch auf der Erde?

Liebe Engel,
bitte helft mir,
heute eine ungesunde Angewohnheit
loszulassen.

Ü

Zu viel Süßigkeiten? Zigaretten? Zu wenig Bewegung? Zu viel Kaffee?

Heute versuchen wir mal, ohne auszukommen. Wann immer es uns »juckt« und wir kaum die Hände von der Zigarette oder der Tasse Kaffee lassen können, bitten wir die Engel um Kraft. Es hilft. Sie werden sehen.

Wenn Sie möchten, können Sie diese Übung natürlich so lange fortsetzen, wie Sie wollen.

Liebe Engel,
schickt mir den Mut,
mich bei den Menschen,
die ich verletzt habe, zu entschuldigen.

Ü

*M*achen Sie eine Liste von allen Menschen in Ihrem Leben, bei denen Sie sich gern entschuldigen würden. Auch die mit eingeschlossen, die »›damit‹ angefangen« haben. Machen Sie den ersten Schritt. Es ist übrigens nicht immer notwendig, den alten Streit wieder aufzuwärmen. Manchmal allerdings hilft es, noch mal darüber zu reden. Lassen Sie sich von den Engeln führen und/oder fragen Sie einfach. Vielleicht ist es ihm/ihr ja lieber, wenn nicht mehr darüber gesprochen wird.

Beten Sie vorher und bitten Sie Ihre Engel um Vermittlung. Übrigens passiert es häufig, dass der andere von unserem persönlichen Kontakt völlig überrascht wird. Erwarten Sie also keine großartigen Reaktionen.

Falls Sie sich für das Schreiben entscheiden, lassen Sie den Brief ein paar Tage ruhen und lesen Sie ihn dann noch mal durch. Wenn Sie möchten, legen Sie den Brief in der Zwischenzeit neben eine Kerze, die eine Zeitlang für diesen Fall brennt.

Ihre Persönlichkeit wird übrigens automatisch versuchen, Ihnen das auszureden: »Na, das ist ja nun wirklich nicht mehr notwendig.« Oder: »Ich will ja schließlich keine schlafenden Hunde wecken.« Bitten Sie Ihre Engel, Sie zu führen. Tief in Ihrem Herzen wissen Sie, was richtig ist. Ich bitte meine Engel »um den ersten Satz«. Ich warte, und dann kommt immer ein Satz, der so wunderbar ist, und es fällt mir so viel leichter, ein Gespräch oder einen Brief zu beginnen.

*Liebe Engel,
ich möchte heute Liebe
durch Umarmungen verschenken.*

Meine Engel schickten mir einmal die Aufgabe, Leute zu umarmen. Ich konnte es kaum glauben. Wie soll denn das gehen? Ich wollte an diesem Tag ein Geschenk für meine schwangere Freundin besorgen und war gerade in einem Geschäft mit Sachen für werdende Mütter, als mir der Gedanke wieder von den Engeln geschickt wurde. Ich schaute mich um und sah neben der Verkäuferin noch einen Lieferanten und eine Schwangere, die sich etwas aussuchte. Ich hatte keine Ahnung, wie ich das Gespräch auf eine Umarmung bringen sollte, und mein Herz klopfte wie wild. Ich schloss die Augen und bat meine Engel um »den ersten Satz«. Und da kam er auch schon: »Ich gebe heute Umarmungen her. Möchten Sie eine?«

Meine Engel wollten natürlich nicht von mir, dass ich wildfremde Leute mit einer Umarmung überrumpele. Viele wollen schlichtweg von niemandem oder nicht von mir umarmt werden; und das gilt es zu akzeptieren.

Ich machte mich also mit meinem ersten Satz auf den Weg zur Kasse, mein Geschenk unterm Arm, und hoffte darauf, dass der Lieferant noch gehen würde. Aber niemand verließ das Geschäft. Meine Engel müssen herzlich gelacht haben. Im Gegenteil, der Lieferant sah so aus, als ob er sich hier niederlassen wollte.

Ich nahm also allen Mut zusammen, und als ich an der Kasse stand, fragte ich die Verkäuferin: »Ich gebe heute Umarmungen her. Möchten Sie eine?«

Sie schaute mich erst einmal verdutzt an, und soweit ich mich erinnere, schüttelte sie erst den Kopf, um dann nach näherem Nachdenken ein »Ja, warum eigentlich nicht?« auszurufen. Ich ging zu ihr, und wir umarmten uns. Der Lieferant schaute interessiert zu und meinte: »Umarmen Sie auch Männer?« – »Klar«, antwortete ich und umarmte ihn. Jetzt war ich erst richtig in Fahrt. Schon wollte ich mich zu der Schwangeren umdrehen, die mittlerweile auch zur Kasse gekommen war, doch die schaute mich erschrocken an und legte ihre Hände schützend auf ihren Bauch: »Ich lieber nicht.«

Kurzfristig musste ich mich mit dem Gedanken »O nein, ausgerechnet die Schwangere will von mir nicht umarmt werden« anfreunden, und meine Engel mussten mich daran erinnern, dass nicht alles was mit mir zu tun hat.

In dieser Übung geht es nicht nur darum, Ihren Mut zu testen. Wir werden alle zu selten umarmt. Wir schaffen es dadurch, uns aufzumachen und gleichzeitig anderen Menschen eine Freude zu bereiten. Und das allein ist schon wunderbar!

Liebe Engel,
ich möchte heute
alles anders machen.

*B*enutzen Sie die andere Hand zum Zähneputzen. Lesen Sie eine andere Zeitung. Nehmen Sie einen anderen Weg ins Büro. Kaufen Sie woanders ein. Telefonieren Sie im Stehen. Alles, was Sie »normalerweise« in einer bestimmten Art und Weise tun, machen Sie heute anders.

Wir merken dabei, wie viele Dinge wir aus Gewohnheit machen. Bereiten sie uns wirklich so viel Freude oder ist schon so viel Langeweile eingetreten, dass wir unser Leben nur noch als Abfolge von zu erledigenden Arbeiten ansehen?

So schön, wie tägliche Rituale sind, so sehr können sie uns auch abstumpfen. Etwas mehr Überraschungsmomente in unserem Leben werden uns nicht schaden.

Liebe Engel,
bitte helft mir
beim Aufräumen und Loslassen.

Ü

Ich bat meine Engel, mir zu helfen, und ich sah eine Reihe von Büchern vor mir. Deshalb ging ich zuerst in die nächste Buchhandlung und deckte mich dort mit allem ein, was es da so über Ordnung und Vereinfachungen zu lesen gab. Ich ahnte irgendwie, dass bei mir zuerst der Kleiderschrank dran war. Was sich da alles angesammelt hatte! Kleider, die mir nicht passten oder mich an seltsame Erlebnisse erinnerten. Sachen, die kratzten oder die einfach zu teuer waren, um sie wegzugeben. Schuhe, die ich nie trug, die ich aber doch »irgendwann einmal brauchen könnte«.

In einem der Bücher wurde vorgeschlagen, zu jeder Saison den Schrank in zwei Hälften einzuteilen: Auf die eine Seite hänge ich die Sachen, die ich regelmäßig trage, auf die andere die, die ich selten trage. Jedes Mal, wenn ich etwas von der zweiten Schrankhälfte (den ungetragenen Sachen) anziehe, wandert es zur ersten. Nach einem Monat stellte ich fest, dass ich zirka achtzig Prozent immer noch nicht trug. Diese legte ich in eine Umzugskiste und verstaute sie im Keller. Falls mir im Laufe des nächsten Monats etwas fehlen sollte, wäre es ja noch da. Nach einem Monat gab ich dann alles weg (ungeöffnet, sonst hätte ich es mir noch mal überlegt).

Was hat das alles mit unserer spirituellen Entwicklung zu tun? Wir geben nicht nur energetisch Dinge weg, die »nicht mehr zu uns gehören«, sondern wir befreien uns auch und schaffen mehr Platz.

Falls Sie eher zu den »Packtieren« gehören, also den Menschen, die alles Mögliche sammeln, bitten Sie Ihre Engel, Ihnen in Gedanken eine Person zu schicken, die Ihnen beim Aufräumen und Loslassen helfen kann. Sie werden überrascht sein, wie viel Freude es anderen macht, Ihnen beim Aufräumen zu helfen. Es hilft übrigens auch, solche Vorhaben nach dem Vollmond in die Tat umzusetzen. Der abnehmende Mond unterstützt uns beim Loslassen.

Die Übung ist allerdings noch nicht fertig: Geben Sie alles, was Sie nicht mehr brauchen, persönlich her. Suchen Sie sich zum Beispiel ein Asylantenheim oder ein Frauenhaus und geben Sie es persönlich ab, damit Sie auch die Freude der anderen sehen können.

Hier sind noch ein paar Betätigungsfelder: der Kleiderschrank, der Schreibtisch, der Keller, der Speicher, die Küchenschränke, der Werkzeugkasten, die Kinderspielzeugtruhe, die Fotokisten oder der Schrank im Gang.

*Liebe Engel,
ich möchte unnütze Aktivitäten
aufgeben.*

Welche unserer Aktivitäten sind für uns nützlich? Unsere Engel möchten uns daran erinnern, dass ein erfülltes Leben auch immer ein fröhliches ist. Und froh macht uns, was uns Freude bereitet. Wenn wir aus lauter Pflichterfüllung unsere Tage mit Aufgaben gefüllt haben, dann leben wir zwar ein pflichtbewusstes Leben, aber glücklich sind wir nicht dabei.

Natürlich geht es nicht darum, alle Pflichten aufzugeben, sondern ihnen ein ausgeglichenes Maß an Freude entgegenzusetzen. Da wir uns im Leben auch verändern, mag die Mitgliedschaft im Bowlingclub vor vielen Jahren noch sehr viel Spaß gemacht haben, aber jetzt gehen wir nur noch dorthin, weil sonst niemand anders den Job der Vorsitzenden machen will und der ganze Verein ohne uns vielleicht sogar zusammenbräche. Dann lassen Sie ihn zusammenbrechen. Wenn wir die Einzigen sind, die eine Sache zusammenhalten, dann ist sie als Gruppenaktivität nicht besonders nützlich, meinen Sie nicht? Oder zu unserer großen Überraschung rutscht jemand nach, der sich sonst nicht getraut hätte, weil wir ja die Position sicher im Griff hatten. Erst wenn wir nein sagen, gibt es häufig Möglichkeiten für die anderen, ja zu sagen.

Bitten Sie Ihre Engel, bei den jeweiligen Aktivitäten bei Ihnen zu sein und Ihnen Gedanken und Ideen mitzugeben. Bei einigen wissen wir vielleicht nicht, ob sie uns nicht doch wieder Spaß machen, und vielleicht hilft da eine kleine Pause.

Bei mir passiert es häufig, dass ich mir denke, etwas müsste mir doch Spaß machen, und ich stur dabeibleibe in der Hoffnung, dass dieser Spaß dann irgendwann einmal kommt. In der Regel dann, so denke ich mir, wenn ich richtig gut darin geworden bin, was ja aus Erfahrung eine Weile dauern mag. Ich wollte zum Beispiel unbedingt Tango tanzen lernen und habe das auch für ein Jahr ziemlich regelmäßig gemacht. Spaß hatte ich eigentlich zu wenig daran. Außerdem wird bei normalen Festen und Partys auch nie Tango gespielt, man kann das Ganze also wirklich nur in speziell organisierten Veranstaltungen ausprobieren. Ich hatte mir aber diverse Kneipen vorgestellt, bei denen dann zu später Stunde die Tische weggerückt werden und spontan Tango getanzt wird. Das mag in Buenos Aires so sein, aber in Los Angeles, Frankfurt oder München ist mir das noch nicht passiert. So gab ich den Tango erst mal auf. Ich werde also nicht begeistert von mir und bewundert von meinen Freunden einen feschen Tango hinlegen können. Für den romantischen Hausgebrauch reicht unser Tango aber doch.

Manche Dinge machen uns in der Vorstellung sehr viel mehr Spaß als in der Wirklichkeit. Und bei einigen denken wir uns, das »sollte« uns doch Spaß machen. Aber ist dies auch wirklich der Fall? Welche Aktivitäten bringen uns den Nutzen, den wir uns wünschen, und welche nicht?

ÜBUNG 27

Liebe Engel,
helft mir,
mich lächerlich zu machen.

Nein, Sie haben sich nicht verlesen. Das ist doch wahrhaftig eine richtig ernst gemeinte Übung. Wir bemühen uns stets so sehr, nichts »falsch« zu machen, dass wir dabei nicht selten unsere Lebenslust verlieren. Nichts ist so befreiend, wie sich lächerlich zu machen. Und nichts erinnert uns so schmerzhaft an unsere Teenagerzeit.

Wir können uns mit vielem lächerlich machen. Doris Dörrie hat ein herrliches Kinderbuch mit dem Titel *Lotte will Prinzessin sein* geschrieben, in dem sie berichtet, wie ihre Tochter sich einst beschwert hatte, dass sich ihre Mutter nie wie eine Prinzessin anziehe. Und so ließ sie ihre Tochter, die an einem normalen Kindergartentag partout das Prinzessinnenkleid tragen wollte, das Kleid anbehalten und zog sich selbst ebenfalls ein Abendkleid mit Tiara über. Sie können sich die Blicke in der Straßenbahn und im Büro bestimmt gut vorstellen.

Ich mache mich regelmäßig lächerlich, weil ich leider Schwierigkeiten mit meinem Namens- und Zahlengedächtnis habe. Und so gewöhnte ich mir vor Jahren an, es zuzugeben, wenn ich keine Ahnung habe, wer bestimmte Leute sind, oder nur eine vage Vorstellung davon, was wann stattgefunden hat.

Nicht selten haben wir uns angewöhnt, nach außen eine bemüht perfekte Fassade aufrechtzuerhalten. Das ist extrem anstrengend, weil wir ja dauernd etwas verheimlichen müssen. Und gelegentlich sind die daraus entstandenen Gerüchte wohl sehr viel schlimmer als die Wahrheit, dass wir eben auch nicht perfekt sind.

Liebe Engel,
bitte helft mir zu erkennen,
wen oder was ich wichtiger nehme
als mich selbst.

E s ist nicht unbedingt falsch, jemanden wichtiger zu nehmen als sich selbst. Es ist eine Wahl. Unsere Kinder zum
Beispiel haben häufig eine größere Bedeutung für uns oder eine
große Idee, der wir folgen wollen. Es mag der Kinderschutz, der
Tierschutz, die Umwelt, eine politische Richtung sein oder Gott,
die wir wichtiger nehmen. Es mag der Job sein, dem wir alles andere opfern, oder eine Machtposition, die zu verlockend ist, um
sie aufzugeben. Und doch ist es nützlich, die Entscheidung, wen
oder was ich wichtiger nehme als mich selbst, gelegentlich zu
überprüfen.

Warum nehme ich _____ wichtiger als mich selbst?

Mache ich es, weil ich es will oder weil es von mir erwartet wird?

Mache ich es, weil es in unserer Familie schon immer so gemacht
wurde?

Mache ich es, weil ich ein Gefühl der Dazugehörigkeit haben
will, und was gebe ich dafür auf?

Mache ich es, weil ich zu paralysiert oder zu ängstlich bin, etwas anderes zu tun?

Ist Ruhm für mich wichtiger als ich selbst, also mein eigentliches Wohlbefinden?

Ist Geld für mich wichtiger als mein Wohlbefinden?

Rechthaberei vielleicht?

Das Wohlbefinden meiner Familie? Und kann ich das auf Dauer wirklich durchhalten?

Welche Grenzen setze ich mir selbst und wie komme ich mit dem Gedanken zurecht, dass ich für alle anderen zur Verfügung stehen soll?

Wem ordne ich mich unter und warum?

Was ist davon gesund und was nicht?

Ein spirituelles Leben ist immer ein waches Leben. Wir suchen die versteckten, unbewussten, angelernten Behäbigkeiten, die wir verändern wollen. Je klarer wir uns erkennen, desto leichter wird es uns fallen, die Angewohnheiten loszuwerden, die uns stören. Und auch mit einem geduldigen Lächeln unsere eigenen Verschrobenheiten großzügig anzuerkennen. Wir machen nun mal eine menschliche Erfahrung.

Liebe Engel,
erinnert mich daran,
Zeit in der Natur zu verbringen.

Es gibt viele Möglichkeiten, die Natur zu genießen. Der Sonnenaufgang und der Sonnenuntergang sind ganz besondere Zeiten. Die Luft im Wald einzuatmen. Endlich mal wieder mit beiden Füßen den feuchten Boden zu spüren.

Wir laden uns in der Natur auf. Unsere Körper brauchen die frische Luft, die ruhige Umgebung, und wir entspannen uns.

In meinem Training mit vielen weisen Frauen und Männern, die sich intensiv um die Erde kümmern, habe ich viel gelernt. Ich habe einige Topfpflanzen, denn ich will nicht das einzig Lebendige in meinem Zimmer sein. Ich bemühe mich, regelmäßig mit nackten Füßen auf der Erde zu stehen, und stelle mir dann vor, dass ich Mutter Erde durch meine Fußsohlen einatme. Ich rieche an Blumen, sooft ich kann, und eine der entspannendsten Übungen ist, im Freien zu sein und den Vögeln zuzuhören.

Anfassen, riechen, fühlen, hören. Es wird mal wieder Zeit.

Liebe Engel,

helft mir _____

zu vergeben.

Jeder, der uns etwas zugefügt hat, wusste es nicht besser, sonst hätte er es besser gemacht. Mich hat das immer getröstet. Wenn wir zum Beispiel in diesem Leben Vergebung lernen wollen, dann muss etwas in unserem Leben passieren, damit wir etwas zu vergeben haben.

Natürlich ist es leichter, zu vergeben, wenn etwas ohne Absicht passiert. Doch was ist bei schwerwiegendem Missbrauch und bösartigen Misshandlungen?

Meine Engel haben mir Vergeben und Vergessen erklärt. Eine Vergebung bedeutet nicht automatisch, den anderen wieder in sein Leben zu lassen. Manche von denen, die uns verletzt haben, sehen ihre Verfehlungen nicht ein oder wollen sich nicht verändern; und es wäre unklug, wenn wir Leute mit schlechtem Benehmen oder gefährlichen Angewohnheiten wieder in unser Leben ließen. Wir haben das Recht, uns nicht mit Menschen zu umgeben, die uns nicht respektieren. Wir müssen diese schmerzhaften

Erfahrungen auch nicht vergessen. Das ist selten möglich. Aber es wäre für uns selbst besser, wenn wir nicht bei jeder Erinnerung das Trauma nochmals durchlebten. Das Vergeben hilft uns selbst. Wir werden frei für andere Erlebnisse.

Falls Sie ein Ritual bevorzugen, wie wäre es mit dem folgenden? Schreiben Sie die Namen der Betreffenden mit Bleistift auf ein Stück Papier auf. Notieren Sie in kurzen Stichpunkten, was es zu verzeihen gibt. Dann zünden Sie eine Kerze an und holen eine Schale Wasser, in die das Stück Papier später leicht eingetaucht werden kann. Halten Sie das Papier zwischen Ihren Händen (oder ans Herz) und sprechen Sie ein Gebet: »Liebe Engel, bitte helft mir, Verständnis für das Verhalten von _____  zu haben; und ich bitte darum, vergeben zu können. Mögen die Stränge, die uns mit diesem Drama verbinden, gelöst werden. Amen.«

Dann tauchen Sie das Stück Papier ins Wasser ein und lassen es dort liegen. Sie können entweder eine Weile meditieren oder gleich mit Ihren Fingerspitzen im Wasser den Namen und die Stichpunkte wegwischen. Wenn Sie dann bereit sind, entledigen Sie sich des Wassers und des Zettels, wie immer Sie wollen.

Falls Sie für eine Vergebung noch nicht bereit sind, dann können Sie auch hier ein Gebet sprechen: »Liebe Engel, wenn ich nur vergeben könnte! Bitte helft mir dabei.« Wenn Sie wollen, können Sie dann diese Übung zu einem späteren Zeitpunkt noch mal probieren.

Erinnern Sie sich: Die Engel erwarten von Ihnen nicht, dass Sie die andere Person aus tiefstem Herzen lieben können. Sie sind verletzt worden, und es ist richtig, vorsichtig zu sein. Wenn der andere wieder Teil unseres Lebens sein möchte, können wir sein Zurückkommen ruhig in sehr kleinen Schritten beobachten. Wir wollen uns schließlich vergewissern, ob da eine wirkliche Veränderung eingetreten ist. Und die braucht Zeit.

Diese Übung findet sich auch in den Lösungswegen (26) wieder.

Lösungswege

Geliebtes Gotteskind,
warum fühlst du dich machtlos?
Wer oder was entscheidet für dich?

Wir ertappen uns gelegentlich dabei, dass wir uns kleiner machen, als wir sind. Wir ordnen uns unter und geben damit unsere Stärke her. Jeder andere hat mehr Rechte als wir selbst.

In dieser Situation hilft es uns, einmal über Folgendes nachzudenken: Wem haben wir unsere Stärke gegeben? Wem haben wir uns untergeordnet? Wem haben wir zugestimmt? Wem sind wir gefolgt und warum? Was wollten wir ursprünglich damit erreichen? Was befürchten wir?

Manchmal geben wir vor, schwach zu sein (wir verstecken unsere Kraft), um uns von jemand anderem beschützen zu lassen. Haben wir Angst vor der Herausforderung? Angst vor dem Risiko? Angst vor dem Krach, der unweigerlich kommt, weil der andere laut und aggressiv wird? Angst davor, erwachsen zu werden? Oder ist es die Angst vor einer falschen Entscheidung, der wir aus dem Weg zu gehen versuchen und die wir jemand anderem überlassen? Damit sind wir, so scheint es, die Entscheidung und die Verantwortung darüber los.

Es mag uns trösten, dass es keine falschen Entscheidungen gibt. Jede Entscheidung bringt uns die Erfahrung, die wir als Seele suchen. Spirituelles Wachstum kann nur entstehen, wenn wir Verantwortung übernehmen. Verantwortung für unsere Entscheidungen und damit für unser Leben.

Wir haben unsere Stärke hergegeben, wenn wir uns ausgeliefert fühlen, den »Mächten der Welt« oder der »Mächtigkeit des anderen«. Keine Chance für Veränderung sehen und darauf hoffen, dass irgendjemand uns rettet. Gott, die Engel oder der Prinz auf einem weißen Pferd. Bitten wir stattdessen besser unsere Engel um Unterstützung, wenn wir in einer Situation stehen, die all unseren Mut braucht.

Ich bekam früher fast jedes Mal Panik, wenn ich mit jähzornigen Personen zu tun hatte. Ich bat meine Engel um Hilfe, und es kam dieser Satz zu mir: »Da bekomme ich ja richtig Angst vor Ihnen. Erschrecken Sie die Leute immer so?« Das Ansprechen in dieser  Art und Weise hatte dann jedes Mal eine erstaunliche Wirkung. Es schien fast so, als wäre der Person ihr Jähzorn vorher nicht richtig bewusst gewesen. (Natürlich sollten Sie einen Satz wie diesen nicht in einer für Sie wirklich brenzligen Situation anbringen; da ist es wohl das Beste, sich in Sicherheit zu bringen. Wir sprechen hier von Aggressionen im Alltagsleben, die nicht gefährlich sind.)

Bitten Sie Ihre Engel, Ihnen bei diesem Nachdenken beizustehen. Fragen Sie in Ihren Gebeten: »Liebe Engel, wie bekomme ich meine Stärke wieder?«

Geliebtes Gotteskind,
überlasse heute deine Sorgen uns.
Wir kümmern uns darum.

*G*anz einfach: heute nicht! Heute kümmert sich jemand anders darum. Heute nehmen wir Urlaub. Und wann immer die Sorge sich wieder breit machen will, erinnern wir uns daran, dass wir erst morgen wieder darüber nachdenken werden. Die Engel kümmern sich heute darum.

Wir machen etwas anderes.

Geliebtes Gotteskind,
triffst du diese Entscheidung
mit deinem Herzen
oder mit deinem Verstand?

D as ist manchmal nicht ganz einfach festzustellen. Häufig haben wir schon viel Zeit an diesem Scheideweg verbracht, dass wir kaum mehr sicher sind, ob wir überhaupt noch etwas fühlen. Sind die Sorgen, die ich mir darüber mache, meine Intuition oder meine Angst?

Wir versuchen heute mit diesem Lösungsweg, Schritt für Schritt herauszufinden, wo wir eigentlich stehen. Wir öffnen uns deshalb erst einmal für alle Möglichkeiten, die uns zur Verfügung stehen. Auch die, an die wir bisher vielleicht nicht gedacht haben. Selbst die, die wir eigentlich schon abgeschrieben haben.

Damit wir Wahlmöglichkeiten finden, können wir zwei verschiedene Schritte ausprobieren: Sie können erstens im Gebet oder in der Meditation um weitere Wahlmöglichkeiten bitten. Zweitens können Sie die Menschen, auf die Sie Wert legen, um ihre Meinung bitten. Ein Freund von mir bat seine Freunde zu einem Abendessen und stellte ihnen folgende Frage: »Ich will meinen

Job ändern, mir macht der bisherige keinen Spaß mehr. Was, glaubt ihr, könnte ich machen?«

Notieren Sie sich dann bitte alle Wahlmöglichkeiten auf verschiedene Zettel. Jetzt brauchen Sie Zeit in der Stille. Die Badewanne ist dafür übrigens hervorragend geeignet, ansonsten tut es ein ruhiger entspannender Platz. Zünden Sie eine Kerze an und legen Sie sich den Zettel mit den Wahlmöglichkeiten in die Nähe. Schließen Sie die Augen und bitten Sie Ihre Engel, bei Ihnen zu sein und Sie auf dieser Reise in Ihre mögliche Zukunft zu begleiten.

Jetzt nehmen Sie sich eine Entscheidungsidee nach der anderen in die Hand (da jede auf einem eigenen Zettel steht, ist das sehr einfach). Dann schließen Sie die Augen und malen sich das Ergebnis Ihrer Entscheidung aus. Lassen Sie auch Ihrer Phantasie freien Lauf. Angenommen, Sie denken über eine Trennung nach. Würde Ihnen die andere Person fehlen? Wie würde es sich anfühlen, keinen Kontakt mehr zu haben? Oder Sie wollen umziehen. Wie fühlt es sich an, in der neuen Stadt zu sein?

Bitte beobachten Sie ganz besonders Ihr Herz! Geht es auf oder geht es zu? Lassen Sie sich Zeit. Kürzen Sie die Reise in die Möglichkeiten nicht ab. Außer natürlich, auf einer Reise fühlen Sie sich schlecht. Ihr Herz wird Sie führen.

Eine kleine Geschichte, die zur Vorsicht mahnt: Eine junge Leserin schrieb mir mal, dass sie unsterblich in einen Filmstar verliebt sei und ihr Herz ihr sage, sie solle ihn aufsuchen. Ihre Engel seien ganz der gleichen Meinung. Das »Aufsuchen« war dann eine Reise um die halbe Welt und artete in eine Verfolgungsjagd aus. Manchmal ist unsere Wunschvorstellung so groß, dass unsere Engel keine Chance haben durchzukommen. Wir müssen da also sehr aufmerksam sein, damit wir uns nicht irgendwelchen Illusionen hingeben. Alles, was wir im Gebet fragen, kommt auch mit dem »Ja«, das wir hören wollen. Denken wir daran, dass es auch immer noch den Filter der Persönlichkeit gibt, und der muss aufmerksam beobachtet werden!

Geliebtes Gotteskind,
verbringe heute viel Zeit mit dem Erschaffen
deiner Zukunft. Stell dir vor,
wie du wirklich gern leben möchtest.

Häufig hätten wir die Dinge gern anders. Doch wie genau, darüber denken wir vielleicht zu selten nach. Meine Engel erinnern mich daran, dass jede Veränderung mit dem Wunsch danach entsteht. Und je präziser meine Vorstellung darüber ist, umso besser.

Wenn wir unglücklich in unserer Arbeitssituation sind, dann reicht es nicht, uns zu wünschen, dass es anders wird. Was ist es, was wir wollen? Wo sehen wir uns? Was würde uns Spaß machen? In dem Moment lenken wir unsere Energien in die Lösung des Problems und verlassen das Problem selbst. Es wird nicht mehr gefüttert. Wie eine Pflanze, die plötzlich gegossen wird, kann die Pflanze unserer Zukunftsvision endlich wachsen.

Also, was hätten Sie denn gern?

Das Aufschreiben, das Ausarbeiten dieser gewünschten Realitäten unterstützt uns dabei, unsere Wünsche in die Realität zu holen.

Also, wenn ich mir wünsche, Chef meiner Firma zu sein – ist es mir wirklich recht, dass ich dann kaum Zeit fürs Privatleben hätte? Könnte ich das ausbalancieren? Wenn ich meinen Job verliere, was würde ich dann gern machen wollen? Wieder dasselbe? Wirklich? Oder gibt es da nicht etwas, was ich schon so leidenschaftlich als Hobby betreibe, oder etwas ganz anderes, was mir schon seit der Kindheit am Herzen liegt?

Wenn mir zu Hause Harmonie, Liebe und Freude fehlen, wo finde ich Hilfe? Welche Familie kenne ich, die so miteinander umgeht, wie ich mir das wünschen würde? Was machen die anders? Gibt es Bücher, Kurse?

Was könnte mir dabei helfen, mit dieser Krankheit leichter zu leben? Gibt es andere Heilmethoden? Kluge Innovationen, die mir Erschwernisse erleichtern? Wer hat diese Krankheit schon gehabt und gut gemeistert – und wie kann ich Kontakt mit diesen Leuten aufnehmen?

Was gibt es an Informationen für gestresste Eltern? Gibt es irgendwelche neuen Ideen in der Erziehung? Wo kann ich mir Hilfe holen? Wie stelle ich mir das Verhältnis mit meinen Kindern im Idealfall eigentlich vor? Gibt es Vorbilder, die ich fragen kann?

Schreiben Sie Ihre Wunschliste auf, und für die nächsten 21 Tage wiederholen Sie dies: Bitte schreiben Sie die Liste jeden Tag noch mal neu ab. Legen Sie sie entweder auf Ihren Hausaltar oder unter Ihr Kopfkissen. Nehmen Sie einen Wunsch dazu, wenn Ihnen noch einer eingefallen ist, und lassen Sie weg, was Ihnen bei näherer Betrachtung doch nicht gefällt. Und nutzen Sie tagsüber auch immer wieder die Gelegenheit, sich Ihre Zukunft auszumalen. Gelegenheiten gibt es genug: im Wartezimmer, im Bus, vor der Ampel und natürlich immer, wenn wir ins Bett gehen.

Geliebtes Gotteskind,

vertraue deinem Körper

und erfühle ein »Ja« und ein »Nein«.

Wir haben als Seele unseren Körper erschaffen. Und manchmal gibt es Fragen, die mit einem einfachen »Ja« oder »Nein« beantwortet werden können. Unser Körper schickt uns häufig klarere Nachrichten als unser Verstand. Der ist schließlich voll gestopft mit Erfahrungen, Meinungen und Erlebnissen, die unsere Intuition färben.

Dies ist eine Übung, die Ihnen hilft, Ihre Intuition zu trainieren. Nehmen Sie sich irgendeine Frage vor, die Sie beschäftigt, und setzen Sie sich bequem hin. Bitten Sie Ihre Engel, dass sie bei Ihnen sind und Ihnen bei der Entspannung helfen. Dann beobachten Sie mit geschlossenen Augen Ihren Körper: Wie fühlt er sich an? Sind bestimmte Stellen heiß, manche kühler? Ist etwas verkrampft, pocht es irgendwo, zieht etwas?

Gehen Sie richtig durch den Körper durch und nehmen Sie zur Kenntnis, wie er sich anfühlt. Dabei sollten Sie nichts ändern, keine Anspannung loslassen wollen. Nehmen Sie die Anspannungen – falls Sie welche erspüren – einfach nur zur Kenntnis. Dann stellen Sie in Gedanken die Frage, in der es um Ihre Herausforderung geht.

Nun kommt der wichtigste Teil: Beobachten Sie Ihren Körper noch mal. Hat sich etwas verändert – wenn Sie so wollen: »Regt sich etwas?« – oder ist alles gleich geblieben? Haben Sie zum Beispiel plötzlich eine Gänsehaut bekommen oder spüren Sie ein Zusammenziehen, irgendwo, ein Kitzeln, ein Gefühl, etwas käme von unten nach oben hoch? Also irgendeine Art von Bewegung. Nach meiner Erfahrung kommen meine »Jas« immer mit einer Bewegung im Körper. Bei einem »Nein« rührt sich nichts. Der Körper bleibt so, wie er war.

Probieren Sie es aus und stellen Sie selbst fest, wie es für Sie funktioniert.

Geliebtes Gotteskind,
auch du hast das Recht,
dich zu schützen.

Wir haben das Recht, uns zu verteidigen. Wir müssen nicht warten, bis wir mit dem Rücken zur Wand stehen und kaum noch einen Atemzug übrig haben.

Ich wünschte mir zum Beispiel jahrelang, grenzenlose Geduld und Verständnis für andere zu haben. Wann immer mir etwas ungerechtfertigt vorgeworfen wurde oder mich jemand beleidigt hatte, nahm ich es schweigend zur Kenntnis. Ich verteidigte mich nicht und wies auch den anderen nicht in seine Grenzen, sondern ich ging ins Gebet und die Meditation, um den Schmerz darüber loszuwerden. Das Problem, so wie ich es sah, lag darin, dass mich solche Angriffe verletzten. Ich wollte unverletzbar sein. Eine Gabe, die ich mir von meinem spirituellen Training erhoffte. Nach vielen Versuchen, damit zurechtzukommen, und einer Therapie mit einer wunderbaren Ärztin erfuhr ich, welche unrealistischen Forderungen ich hatte. Ein respektierendes Miteinander ist nur möglich, wenn wir unserer Umgebung mitteilen, wie wir behandelt werden wollen. Je mehr wir schlechtes Benehmen zulassen, desto schlechter werden wir behandelt.

Natürlich passiert es auch, dass wir uns zu viel verteidigen. Jeder aufgefangene Blick kann uns da in Verteidigungsstimmung bringen. Wenn jedes Wort der anderen von uns wie ein Vorwurf verstanden wird, dann mag es nützlich sein, darüber nachzudenken, ob der andere denn vielleicht nicht doch recht hat? Wie wäre es beispielsweise mit folgender Antwort? »Lassen Sie mich mal darüber nachdenken. So habe ich das noch nicht betrachtet.«

In der jetzigen Situation, für die ich diese Karte gezogen habe, kann ich mir also zweierlei Fragen stellen: »Habe ich vergessen, mich zu schützen?« Oder: »Verteidige ich mich zu viel?«

Liebe Engel,
wenn ich heute meine Mitte verliere,
helft mir dabei,
dass es mir schneller bewusst wird.

Dieser Lösungsweg wird ebenfalls in den Übungen (1) beschrieben. Wegen seiner Wichtigkeit sollte er in beiden Bereichen vorkommen.

Früher war mir nicht bewusst, dass ich so gut wie nie in meinem Zentrum war. Mein hektisches Umhertreiben war mein Normalzustand. Ich wurde, wie eine Fahne im Wind, vom Leben herumgeschleudert. Ich dachte, dieser Zustand sei normal; und erst als ich mein spirituelles Leben begann, dämmerte es mir, dass es da eine andere Möglichkeit zu leben gibt. Ich habe ziemlich viel ausprobiert, mein Zentrum zu finden. Ich habe mich barfuß auf die Erde gestellt, gesungen, meditiert, getrommelt und mich um meine »Waisenkinder« gekümmert (siehe Lösungsweg 25). Eine weitere Möglichkeit möchte ich hier vorstellen, denn sie hat sich als ausgesprochen hilfreich und praktisch erwiesen. Wenn etwas passiert, was uns emotional durchschüttelt, splittern wir uns ab. Ein Teil von uns geht in die Vergangenheit, ein anderer in die Zukunft,

einer in die Vorstellung vom schlimmsten Fall. Gleichzeitig überkommt uns oft kurz danach eine große Müdigkeit. Das ist immer
ein Zeichen von Flucht und ein direktes Ergebnis dieser Absplitterung. Wir wissen vor lauter Hin und Her nicht mehr, wo wir sind.
Und wir sind auf keinen Fall in unserer Gegenwart. Da gehören wir
aber hin. Wenn ich diese Absplitterung bemerke – meistens erst,
wenn ich unfassbar müde werde –, dann versuche ich zurückzugehen zu dem Moment, in dem ich mich noch wohl fühlte.

Dann frage ich mich: Wann habe ich mich abgesplittert? Was genau ist passiert? War es ein Wort, ein Gedanke, eine Situation?

Übrigens, da wir menschliche Erfahrungen machen, passieren diese Absplitterungen nun mal. Eine wichtige Voraussetzung, um ein
erfülltes Leben zu leben, hat mit der Akzeptanz ebendieser Erfahrungen zu tun. Wir wünschen uns eine hohe Sensibilität, aber die
kommt nun mal mit einer – raten Sie mal – hohen Sensibilität.
Genau das, was wir eigentlich nicht haben wollen, wenn es um
Schmerzen und Enttäuschungen geht. Aber tiefes spirituelles Verständnis kommt leider immer mit mehr Empfindsamkeit. Keine
Sorge, das ist es wert, denn wir lernen, auch damit umzugehen.

Eines der für mich wirkungsvollsten Hilfsmittel, mich wieder ganz
in mich selbst zurückzuholen (also in den Körper und in das Jetzt),
ist das aufmerksame Beobachten meiner Umgebung. Ich sage
dann halblaut oder in Gedanken: »Ich sehe eine rote Couch, einen weißen Fensterrahmen, gelbe Blumen, eine graue Brille auf
dem Tisch.« Ja, ich weiß, das Ganze klingt zu einfach, vielleicht
auch zu dämlich, um zu wirken. Aber es wirkt.

Je häufiger wir unsere Absplitterung erkennen, desto entspannter
fühlen wir uns. Wir haben das Gefühl, dass wir wirklich etwas
gegen diesen Zustand unternehmen können – und das Herrliche
daran ist: Wir können es auch tatsächlich! Eine weitere Möglichkeit ist das schnelle Hin-und-her-Bewegen der Augen (rapid eye
movement). Beobachten Sie dabei Ihre Gefühle und hören Sie
erst dann auf, wenn Sie wieder entspannter sind.

Lieber Gott, liebe Engel, ich bitte darum,
alle zwischenmenschlichen Verbindungen,
die nicht göttlicher Natur sind, von mir
zu trennen und dem Sender zurückzuschicken.

Wir sind alle miteinander verbunden. Wie ein Stein auf einem klaren See seine Kreise zieht, so haben wir einen Effekt auf unsere Mitmenschen. Wir brauchen nur in einen Raum zu gehen, in dem man sich zur Trauer versammelt hat, und die Schwere dieses Gefühls lässt sich sofort erspüren. Gelegentlich ergibt es sich, dass sich jemand »energetisch an uns dranhängt«. Er oder sie mag sich selbst schwach fühlen und steckt sich bei uns ein, wie ein schwacher Akku an einer Steckdose wieder aufgeladen werden will. Natürlich gibt es bestimmte Verbindungen dieser Art, die wir zulassen: das Kind, das krank ist, oder der Ehepartner, der gerade Unterstützung braucht. Manchmal allerdings lassen wir zu viele an uns anhängen und schwächen uns damit. Es nutzt dem anderen nicht, langfristig nur von unserer Kraft zu tanken. Dadurch entsteht eine Abhängigkeit, die weder ihm noch uns weiterhilft. Was der andere braucht, ist seine eigene Verbindung mit Gott. Es ist wichtig, dass der fremde Stecker, der in unserer Steckdose sitzt, herausgezogen wird und sich bei Gott die Kraft holt. Dazu ist dieses Gebet da.

Normalerweise bete ich dieses Gebet nur für mich, denn ich achte den Seelenweg des anderen. Ich bete sehr häufig für andere, aber da nie um ein bestimmtes Ergebnis, sondern um Kraft, die Unterstützung der Engel und eine rasche Erkenntnis (siehe Gebet 17). Bei diesem Gebet gibt es eine Ausnahme: Eltern können es für ihre Kinder beten. Ich habe es zu einer Zeit für meine Tochter gesprochen, als ich das Gefühl hatte, dass sie ein bisschen verloren war. Sie war als Teenager vielen Einflüssen ausgesetzt, und ich hatte den Eindruck, dass einige – nicht besonders wohlwollende – sie zu sehr beeinträchtigten. So bat ich mit diesem Gebet, dass nur die zwischenmenschlichen Beziehungen für meine Tochter bestehen blieben, die göttlicher Natur sind. Ich hatte dabei weder bestimmte Freunde noch Verbindungen im Auge. Ich vertraute darauf, dass Gott und die Engel schon wissen, welche Einflüsse vermieden werden sollten. Das passierte auch: Kurz danach zogen sich »plötzlich« einige Freunde zurück, und Julia sah einige Freundschaften plötzlich klarer. Ich habe es mit großer Dankbarkeit bemerkt.

Noch eine Erklärung zu dem Wort »göttlich«. Natürlich ist alles göttlich, da wir ein Teil des Göttlichen sind. Dieses hier bezieht sich auf diejenigen Einflüsse, deren Göttlichkeit verdunkelt ist.

Dieser Lösungsweg ist auch bei Herausforderungen sehr nützlich und erscheint deshalb ebenfalls in der Rubrik »Gebete« (2).

*Liebe Engel,
bitte schickt meinem Gegenüber
die Antwort.*

Sie brauchen zwanzig Minuten Zeit, einen relativ stillen Platz und einen Menschen, den Sie gern um sich haben und dem Sie vertrauen. Er muss Sie nicht einmal besonders gut kennen. Was allerdings notwendig ist, das ist seine und Ihre Bereitschaft, etwas Neues auszuprobieren.

Nehmen Sie ein leeres Blatt Papier und einen Stift und legen Sie es vor sich hin. Bitten Sie Ihren Freund oder Ihre Freundin, Ihnen gegenüberzusitzen und die Augen zu schließen, und sprechen Sie ein gemeinsames Gebet.

Vielleicht nutzt Ihnen dieser Vorschlag: »Liebe Engel, himmlischer Vater, bitte unterstützt mich bei der Antwort auf diese Frage, die mir am Herzen liegt. Ich werde die Frage im Herzen tragen und bitte euch, liebe Engel, meinem Gegenüber die Antwort dazu zu schicken. Amen.«

Also, Sie denken sich nur Ihre Frage (je kürzer, desto besser) und deuten sie vorher auf keinen Fall an.

Denken Sie daran, Ihrem Gegenüber zu sagen, dass es nicht darum geht, herauszufinden, was um Himmels willen Sie denn gefragt haben könnten. Ihr Freund soll einfach nur auffangen, was ihm die Engel schicken. Und das kann er, wenn er nur beobachtet und weitergibt, ohne sich Gedanken um die Frage zu machen.

Dann bitten Sie Ihren Freund – nach dem Gebet –, Ihnen einfach alles mitzuteilen, was ihm so kommt. Er hält weiterhin die Augen geschlossen. Sie schreiben einfach nur mit, was er sagt. Versuchen Sie ihn nicht zu unterbrechen.

Der andere gibt Ihnen nun Gedanken, Gefühle oder Visionen einfach durch. Er hat ja keine Ahnung, was Sie suchen, und kann deshalb ganz offen einfach nur beobachten, was ihm so geschickt wird, und besonders (!), welche Gefühle er dabei hat. (»Ich fühle mich kalt/leicht/müde … meine Augenlider flattern … ich habe Hunger.«)

Es wird einigen Menschen leichter fallen als anderen. (»Ich sehe ein Meer, fühle den Wind.« Oder: »… da gibt es Gewitterwolken, die sich zusammenziehen, und es wird dunkel; und ich weiß irgendwie, dass ich mich jetzt nicht bewegen soll …«)

Schreiben Sie alle noch so kleinen Kommentare mit. Am Schluss lesen Sie einfach, was durchgekommen ist. Häufig sind es bildliche Zeichen und Gefühle, die da weitergegeben werden. Die Antworten kommen nicht immer mit einer unmissverständlichen Aussage.

Als ich das zum ersten Mal machte, hatte ich das Gefühl, als ob ich Vegetarierin werden sollte (ich bin es mittlerweile nicht mehr). Ich bat mein Gegenüber, sich nach meiner inneren Frage für die Antwort aufzumachen. Meine Frage lautete: »Soll ich Vegetarierin werden?«

Meine Freundin sah nach einer Weile einen Baum auf einer Wiese, einen See und ein Ei. Ich interpretierte es so, dass ich all das essen sollte, was vom Baum kommt, von der Erde und aus dem Wasser (Fische also ebenfalls), sowie Eier.

Liebe Engel,
bitte helft mir
bei dem Wort »NEIN«.

Gibt es in der Herausforderung, in der wir uns zurzeit befinden, ein »Nein«, das nicht ausgesprochen wurde? Wäre die Situation eine andere, wenn wir dieses »Nein« ausgesprochen hätten? Lag uns ein »Nein« auf der Zunge, aber wir haben uns nicht getraut? Oder war unser »Nein« zu schwach oder eher ein »Jein« und konnte beim ersten Überredungsversuch über Bord geschmissen werden?

Ein einfaches »Nein, ich möchte das nicht« steht uns zu. Und doch ist es für manche extrem schwer. Ich selbst sage sehr viel lieber ja. Ein herrliches Wort! Ja zu diesem und ja zu jenem. Nur, es gibt einige »Jas«, die mich viel kosten: Zeit, meine Gesundheit, Geld, Möglichkeiten, Freiheit und manchmal auch meinen inneren Frieden.

Unser »Nein« fällt uns auch deswegen so schwer, weil es mit einer gehörigen Portion schlechtem Gewissen kommt. Wir machen uns nicht selten überdurchschnittlich viel Sorgen darüber, was dieses »Nein« denn bei anderen auslösen könnte. Es hilft, wenn wir – gerade am Anfang – mit unserem »Nein« auch unsere Besorgnis ausdrücken, was das für den anderen bedeutet … und trotzdem dabei bleiben: »Nein, ich kann dich leider nicht vom Flughafen abholen. Ich hoffe natürlich sehr, dass du deswegen nicht beleidigt bist, aber ich schaffe das nicht. Ich danke für dein Verständnis.«

Bitten Sie Ihre Engel vorher in Gedanken um Kraft, dieses »Nein« auch auszusprechen. Die anderen werden uns nicht besser behandeln als wir uns selbst. Es gibt einen Unterschied zwischen Egoismus und Selbstliebe. Egoismus stellt sich selbst über andere. Selbstliebe liebt nicht nur die anderen, sondern auch sich selbst. Erinnern wir uns an das Gebot Jesu: »Liebe deinen Nächsten wie dich selbst.« Erst wenn wir uns selbst lieben und achten können, können wir auch unseren Nächsten lieben und achten. Wenn es uns gelingt, dies zu lernen, dann schaffen wir ein Klima von Achtung und gegenseitigem Respekt. Und ist es nicht genau das, was wir uns wünschen?

Wir müssen uns natürlich auch dahin gehend überprüfen, ob wir nicht unser »Nein« über das »Nein« von anderen stellen: Unseres ist unantastbar, aber das von unserem Gegenüber wird als unfreundlich oder unwichtig angesehen. Wenn wir mit unseren »Neins« zu forsch sind – das wissen wir ja selbst –, schaffen wir es vielleicht mit Hilfe der Engel, unser »Nein« mit etwas mehr Wärme auszudrücken. Anschließend können wir auch nachfragen – offen und interessiert –, warum sich der andere für ein »Nein« entschlossen hat. Auch hier geht es nicht darum, ihn dazu zu überreden, ja zu sagen, sondern um ein Verständnis für die Gründe.

Liebe Engel,
bitte helft mir,
den Segen in dieser Situation zu sehen.

*D*en Segen? In meiner Situation? Das kann doch wohl nicht Ihr Ernst sein?«

Es gibt vieles, was uns den Glauben an Gott nehmen kann: der Tod eines geliebten Menschen, der Verlust der Existenz, eine schwere Krankheit. Oder immer wiederkehrende Demütigungen, unendliche Einsamkeit und wieder mal die nächste große Enttäuschung. In welcher Situation wir uns auch befinden mögen, Gott hat sie uns nicht geschickt, weil er uns strafen will. Wir, als Seelen, haben nach einer menschlichen Erfahrung gesucht, und es ist genau diese Erfahrung, die wir uns – zusammen mit Gott – ausgewählt haben. Unsere Engel sind bei uns, um uns in dieser schwierigen Situation beizustehen und um sie verständlicher für uns zu machen.

Häufig beschweren wir uns nur bei Gott oder den Engeln (»Warum passiert immer mir das?«) und warten nicht auf die Antwort. Diese Antwort auf unsere Bitte – »Lasst mich den Segen in dieser Situation sehen« – braucht vielleicht ein paar Minuten oder ein paar Tage. Lassen Sie die Frage im Kopf hin und her rollen. Die Antwort kommt mit Sicherheit. Vertrauen Sie darauf.

Ist es nicht so, dass wir rückblickend meistens wissen, warum uns etwas passiert ist, welche Entscheidung welches Ergebnis nach sich gezogen hat? Verlassen wir uns darauf, dass es nichts gibt, was zufällig ist in diesem Leben. Wir wollen etwas lernen, und das, was hier vor uns steht, ist unsere Aufgabe. Woher ich das weiß? Weil die Herausforderung da steht.

»Liebe Engel, bitte lasst mich den Segen in dieser Situation sehen.«

Jede Lebenssituation wird leichter, wenn wir mehr Erkenntnis darüber gewonnen haben. Und selbst wenn die Gefühle der Herausforderung gegenüber vielleicht gleich bleiben, erreichen wir damit dennoch eine gewisse Distanz zur Dramatik, die uns leichter damit umgehen lässt.

Liebe Engel,
bitte zeigt mir den ersten Schritt
zur Heilung dieser Situation.

*M*anche Situationen sind so komplex, dass man sich ein befriedigendes Ergebnis schon gar nicht mehr vorstellen kann. Das mag eine Arbeitslosigkeit sein, die fast schon zum normalen Alltag geworden ist. Eine verfahrene familiäre Situation, an deren Auslöser man sich gar nicht mehr erinnern kann.

Jede Reise beginnt mit dem ersten Schritt, und so ist es auch mit allem, was heilen kann. Fällt Ihnen gerade jetzt dazu etwas ein und wischen Sie diesen Gedanken gleich mit einer schnellen Handbewegung einfach weg? Erste Schritte sind nicht immer leicht, und es passiert nicht selten, dass unsere Engel uns etwas zuflüstern, was wir selbst schon in Erwägung gezogen haben.

Es gibt viele Gründe, Vorschläge abzulehnen. Es mag uns peinlich sein: »So was machen wir nicht.« Oder wir sind stur: »Soll doch der andere den ersten Schritt tun.«

Alles Ausreden. Das wissen Sie so gut wie ich. Früher oder später werden wir uns darum kümmern müssen, warum also nicht gleich? Damit ersparen wir uns viele schlaflose Nächte und vielleicht sogar das eine oder andere Magengeschwür.

Bitten Sie um Mut und denken Sie an Ihre Engel. Vergessen Sie nicht: Sie werden von unseren himmlischen Helfern unterstützt.  Wie bei vielen Gesprächen mit den Engeln suche ich mir zuerst einen ruhigen Platz und gehe in die Stille. Dann stelle ich die Frage und warte ab. Manchmal kommen Ideen und Gedanken gleich, manchmal später. Versuchen Sie, Ihren Kopf leer zu halten, damit Sie auch aufmerksam sind, wenn die Antwort kommt.

Liebe Engel,
ich möchte heute die volle Verantwortung für
mein Leben und alle Entscheidungen, die mich
zu dieser Situation geführt haben, übernehmen.

W arum ist es wichtig, die Verantwortung für unser Leben anzunehmen? Wenn wir als Seele, die eine menschliche Erfahrung macht, aufwachen wollen, dann ist es von Bedeutung, dass wir niemandem irgendetwas in die Schuhe schieben. Wir werden dazu aufgerufen, selbstverantwortlich zu erkennen, dass wir unsere Lebensumstände kreiert haben. Selbst das, was üblicherweise als »Zufall« bezeichnet wird, ist in einer spirituellen Lebensbetrachtung Absicht: die Wahl unserer Eltern, der Zustand unseres Körpers, unsere Talente und Begabungen, Unfälle und äußere Umstände, das eigene Temperament und unsere Schwachstellen. Absicht deswegen, weil wir ein spirituelles Leben in einem menschlichen Körper führen wollen und weil wir bestimmte Erfahrungen machen möchten. Unsere Engel, die uns in jedem Leben begleiten, haben die Aufgabe, uns an genau das zu erinnern. Sie helfen uns, denn sie haben die Unendlichkeit der Seele nie vergessen. Wir haben uns nicht selten im Drama des

Menschseins verloren. Ein spirituelles Erwachen entwickelt sich weiter mit dem graduellen Anerkennen der eigenen Verantwortung.

Verantwortung übernehmen hat übrigens nichts mit Schuld zu tun. Wenn unser Körper krank ist, dann gibt es da verschiedene Auslöser. Wir haben ihn entweder nicht gut behandelt, Warnzeichen übersehen oder sind Umwelteinflüssen ausgesetzt gewesen, die Krankheiten auslösen. Dann gibt es noch unsere Gene, die Schwachheiten mitgebracht haben, und unsere Seele, die durch eine Krankheit etwas lernen will. Ich finde es immer sehr schade, wenn Krankheit automatisch als Fehlverhalten gesehen wird. Unser Körper möchte uns mit der Krankheit etwas sagen. Es ist viel wichtiger, die Nachricht herauszufinden, als uns mit Schuldgefühlen zu belasten.

Wenn wir die volle Verantwortung für unsere Entscheidungen übernehmen, dann heißt das nicht, dass diese immer besonders klug waren – es bedeutet lediglich, dass wir sie so akzeptieren, wie wir sie getroffen haben. In einigen dramatischen Fällen waren diese Entscheidungen vielleicht sogar lebensnotwendig: stillzuhalten, um nicht verletzt zu werden; ja zu sagen, um das eigene oder das Leben von jemand anderem nicht zu gefährden.

Wir erinnern uns, dass wir jede Entscheidung deswegen getroffen haben, weil sie uns damals, in unserer Vergangenheit, als ein logischer und schlüssiger Schritt vorkam.

Denken Sie daran, wie sehr Sie geliebt werden. Unsere Engel tun alles dafür, uns beizustehen, und es geht bei diesem Lösungsweg nur darum, zu erkennen, dass, wenn wir in der Lage sind, eine Situation zu erschaffen, wir dann auch in der Lage sind, diese Situation zu lösen.

Ich bin sicher, Sie und ich, wir schaffen das!

Geliebtes Gotteskind,
um den anderen zu verstehen,
sprich zuerst mit seiner Seele.

W ir sind alle Seelen, die sich eine menschliche Erfahrung gesucht haben. Und mit dieser menschlichen Erfahrung kommt natürlich – neben dem Körper – unsere Persönlichkeit, häufig auch »Ego« genannt. Manchmal ist die Persönlichkeit so ausgeprägt, dass die Seele darunter bald nicht mehr verstanden wird. In Situationen, in denen es kaum Dialogmöglichkeiten gibt, nutzt es sehr, zuerst mit der Seele des anderen zu sprechen.

Bevor Sie mit der anderen Person – wer immer in dieser Herausforderung der andere sein mag – nochmals in Kontakt treten, können Sie sich für folgende Meditation Zeit nehmen: Schließen Sie die Augen und sprechen Sie Ihr Gebet. Legen Sie alle Sehnsucht hinein, mit dieser Person einen klärenden, respektvollen und tiefen Austausch zu haben. Dann stellen Sie sich eine herrliche Gegend vor, in der eine Sitzgelegenheit steht. Sie sehen entweder die andere Person dort schon sitzen und auf Sie warten, oder Sie setzen sich zuerst hin. Dann bitten Sie in Gedanken, dass die Seele dieser Person sich zu Ihnen setzt. Beobachten Sie, wie die Person ankommt: zögernd, eilig, ärgerlich. Stellen Sie sich mit Ihren Wünschen vor. (Zum Beispiel: »Wir sind doch beide als Eltern verantwortlich für unser Kind, und ich möchte mich gern mit dir darüber verständigen, was die gesündesten Schritte für unser Kind sind.« Oder: »Ich leide darunter, dass wir uns so gar nicht verstehen und keine Basis für ein besseres Verhältnis haben.«) Dann warten Sie ab, was der andere sagt. Erinnern Sie sich daran, dass die Gedanken, die nach Ihrer Frage zu Ihnen kommen, Ihre Antworten sind. Das ist in den seltensten Fällen eine andere Stimme, sondern es sind Worte, die sich in Ihrem Gehirn formen. Verlassen Sie sich dabei auf Ihren Instinkt. Hier nur einige Beispiele für Fragen, die Sie vielleicht inspirieren: »Was kann ich tun, damit unsere Beziehung besser wird?« – »Was stört dich an mir?« – »Was brauchst du von mir, um ein Gespräch besser zu beginnen?« – »Ich habe den Eindruck, du hörst mir nicht zu / blockst ab / gehst mir aus dem Weg. Siehst du das auch so?« – »Warum haben wir solche Schwierigkeiten? Bitte erklär mir, wie es aus deiner Sicht dazu gekommen ist.«

Prüfen Sie anschließend, wie Sie sich fühlen und was Ihre Absicht ist. Warum möchten Sie einen gemeinsamen Konsens? Dabei müssen wir immer wieder darauf achten, ob es sich bei unserem Wunsch, mit der Seele zu sprechen, nicht um einen »akuten Fall von Rechthaberei« handelt. Sonst geht es uns nämlich nur darum, den anderen (ob als Seele oder Persönlichkeit) zu manipulieren, damit er uns besser behandelt oder damit wir bekommen, was wir wollen. Wir wissen, dass wir hier sind, um uns zu verbessern. Allein das ist unsere Angelegenheit. Ob sich der andere verändern will, liegt ganz allein bei ihm – ein Tatbestand, den ich mir gelegentlich ins Gedächtnis rufen muss.

Geliebtes Gotteskind,
eine gemeinsame Zeit ist erst dann vorbei,
wenn du es sicher weißt.

Wer kennt es nicht: das Hin und Her der Gedanken, ob man gehen oder bleiben soll? Mag es privat oder beruflich sein, wir fühlen uns nicht erfüllt, und doch zögern wir den endgültigen Schritt hinaus. Unsere Engel halten das Zögern für eine wichtige Zeit, die es nicht zu verkürzen gilt. Jedes Zögern zeigt uns, dass wir noch nicht alles daraus gelernt haben. Wir mögen vielleicht annehmen, dass wahrlich spirituelle Leute nie zögern, aber das stimmt nicht. Jeder kennt dieses Gefühl, und es kann nicht wegmeditiert werden. In den Zeiten des Zögerns werden wir häufig hin und her geschüttelt, und da zeigt es sich, ob wir die spirituellen Lehren unserer Engel auch verstanden haben: »Vertraue dir selbst.«

Dazu ist eines notwendig: die offene Aussprache mit allen erwachsenen Beteiligten. Wir haben unsere Wahrheit dem anderen mitgeteilt, so schwer uns das auch gefallen sein mag. Es blieb uns nichts anderes übrig, denn wir wissen jetzt, dass wir eine schwierige Situation mit dem anderen nur klären können, wenn wir ihm wahrhaftig gesagt haben, wo wir stehen und wie wir uns fühlen. Erst dann ist der Dialog offen, und Intimität kann entstehen.

Häufig höre ich von Menschen, die sich in Gedanken schon hundertmal getrennt haben, dass deren Partner davon keine Ahnung haben! Es kostet natürlich eine große Überwindung (ein Gebet vorher hilft), um dem anderen seine Gefühle mitzuteilen. Wir alle sind schon verletzt worden und – da wir Gefühle haben – werden dies wohl nicht zum letzten Mal erleben. Deshalb nutzt es nichts, unser Herz hinter Mauern zu verstecken. Diese Mauern beschützen uns nicht, sie machen uns nur einsamer.

Es gibt verschiedene Möglichkeiten, zu einer ruhigeren Sicht der Dinge zu kommen: Manchmal mag es schon helfen, dass wir uns nicht mehr zu einem Ergebnis drängen wollen. Die Entscheidung dauert eben so lange, wie sie dauert. Die Beziehung, der Job, die Stadt, was immer es ist, was wir eigentlich lieber heute als morgen hinter uns gebracht haben wollen.

Wenn wir die Situation so, wie sie ist, endlich akzeptiert haben, finden wir uns plötzlich in einer erstaunlichen Ruhe wieder. Wie es in diesem herrlichen Gebet heißt, das verschiedenen Urhebern zugeschrieben wird: »Gott gebe mir die Gelassenheit, die Dinge hinzunehmen, die ich nicht ändern kann, den Mut, die Dinge zu ändern, die ich ändern kann, und die Weisheit, das eine vom anderen zu unterscheiden.« Wenn wir uns in dieser entspannten Ruhezeit befinden, die wir uns hart erarbeitet haben, passiert es nicht selten, dass sich die Situation überraschend ändert und/oder dass wir plötzlich wissen, was wir wollen. Dies kann nicht forciert werden. Denn ohne zwischendurch die »Hausaufgaben« gelöst zu haben, werden wir diesen Punkt nicht erreichen. Deshalb ist das Zögern ein herrliches Hilfsmittel. Ob es uns passt oder nicht. Und meistens passt es uns nicht.

Geliebtes Gotteskind,
lade deine Angst zu einem Gespräch ein.
Sie will dir helfen.

Wir sehen die Angst als unseren Feind, der uns von einem Leben abhält, das leichter ist. Meine Engel erklärten mir, dass die Angst mein Freund ist und sie mir einiges zu sagen hätte, wenn ich denn zur Abwechslung mal auf sie hörte, statt zu versuchen, sie zum Schweigen zu bringen.

Mir wurde Folgendes vorgeschlagen: »Nimm die Angst und lad sie ein, bei dir zu sitzen. Frag sie, warum sie sich zeigt. Du wirst sehen, dass du bald die Angst häufiger zum Gespräch einladen wirst.«

Ängste sind nicht nur Schutzmechanismen, sondern auch wunderbare Helfer. Jede Angst kommt hoch, weil sie gehört werden will.

Nehmen Sie sich Zeit, sprechen Sie Ihr Gebet und bitten Sie die Engel, bei Ihnen zu sein. Dann erklären Sie für sich den Wunsch, bei der Angst zu sitzen und ihr wirklich und wahrhaftig zuzuhören.

Hier sind einige Fragen zur Anregung: »Was willst du mir sagen?« – »Woran erinnert mich die Situation – und habe ich deshalb Angst davor?« – »Warum bin ich unfähig, irgendetwas dagegen zu tun?« – »Weswegen zögere ich hier?« Und die wichtigste Frage: »Was habe ich vergessen zu fragen?«

Wie mir die Engel vorausgesagt hatten, so traf es auch ein: Ich habe schon häufig die Angst eingeladen, bei mir zu sitzen. Anschließend fühlte ich mich immer ein bisschen klüger. Ich denke mir, es wird Ihnen ähnlich gehen.

Geliebtes Gotteskind,

betet

gemeinsam.

a, um Gottes willen, das ist völlig unmöglich!« – Unmöglich? Wirklich?
Mag es der Chef oder der Lebenspartner sein, ein Gebet vorzuschlagen, erfordert wohl für die meisten von uns große Überwindung. Die Situation ist ja schon schwierig genug, ohne auch noch den Mut aufbringen zu müssen, um ein gemeinsames Gebet zu bitten.

Angenommen, Sie wollen mit Ihrem Lebenspartner (was für ein unromantisches Wort!) ein Gespräch darüber beginnen. Wie fängt man es an?

Ich bitte immer zuerst meine Engel, mich bei diesem Dialog zu begleiten. Er kann zum Beispiel folgendermaßen beginnen: »Ich mache mir große Sorgen um unsere Beziehung und befürchte, dass sie langsam auseinander fällt. Ich würde gern mit dir gemeinsam für das Wohlbefinden unserer Ehe beten und hoffe, dass da einige gute Gedanken und Ideen kommen. Denk doch bitte mal darüber nach, ob du dir ein gemeinsames Gebet für unsere Beziehung vorstellen kannst.«

Danach lassen wir dem anderen Zeit, darüber nachzudenken. Wir könnten dazu aus dem Zimmer gehen, es sei denn, der andere hält uns zurück und möchte das schon jetzt besprechen.

Wie kann dieses Ansinnen gegenüber dem Chef oder der Chefin bzw. den Kollegen vorgetragen werden? Auch hier kommen wieder zuerst das stille Gebet und die Bitte um die Begleitung der Engel. »Ich komme heute mit einer recht seltsamen Bitte und würde mich freuen, wenn Sie mir einfach nur kurz zuhören könnten und mir dann irgendwann einmal später Ihre Antwort dazu sagten. Um es leichter zu machen, wenn es ein ›Nein‹ ist, brauchen Sie es mir gar nicht zu sagen, das merke ich dann sowieso. Also, ich wünsche mir sehr, dass meine Zeit hier für Sie (den Chef) oder mit Ihnen (dem Kollegen, der Kollegin) hilfreich und nützlich ist, und ich habe das Gefühl, ich komme nicht weiter. Ich wollte Sie fragen, ob es denn irgendeine Möglichkeit gibt, mit mir gemeinsam mit einem stillen Gebet – jeder für sich – für eine bessere Zusammenarbeit zu beten. Natürlich bin ich Ihnen auch dankbar, wenn Sie mir sagen können, was ich machen kann, um die Situation zu verbessern. Das geht natürlich auch ohne Gebet, falls Sie das nicht möchten.«

Es ist immer wichtig zu akzeptieren, dass der andere ein Gebet vielleicht nicht will. Das macht ihn nicht schlechter oder besser als uns. Wir müssen auch immer sehr darauf achten, dass wir unser Verhältnis zu den Engeln nicht wie einen Schild vor uns hertragen. Spiritualität ist stets auch etwas sehr Persönliches, und nur weil wir so offen darüber reden, heißt es noch lange nicht, dass der andere sich dabei wohl fühlt. Und natürlich liegt uns sein Wohlbefinden ebenfalls am Herzen.

Übrigens, es ist sehr viel weniger schlimm, als Sie sich das gerade vorstellen.

Geliebtes Gotteskind,

verbringe Zeit damit,

dir den besten Ausgang der Situation

vorzustellen.

*M*eine Engel haben mir das einmal so erklärt: »Stell dir zwei Pflanzen vor. Eine davon gießt du regelmäßig, die andere wird kaum bewässert. Welche, glaubst du, wird wachsen?«

Keine Frage, natürlich die, die bewässert wird.

»Jetzt nenne eine dieser Pflanzen ›Sorgen‹ und die andere ›Hoffnung‹. Welche bewässerst du am meisten?«

Ah! Natürlich. Was bewässern wir also in unseren Gedanken? Sind wir in einer schwierigen Situation, gießen wir mit unserer Phantasie fast automatisch die Pflanze, die »Sorge« heißt – also »den schlimmsten Fall«. Die Pflanze »Hoffnung« – der »beste Fall« – bekommt kaum irgendetwas ab.

Heute widmen wir unsere Aufmerksamkeit der Pflanze »Hoffnung«. Das bedeutet ein aktives Nähren der Hoffnung, wenn wir durch unseren Tag gehen. Wir bitten unsere Engel, uns darauf aufmerksam zu machen, wenn wir die Sorge »begießen«.

Wenn Sie wollen und wenn Sie visuell begabt sind, dann können Sie sich das in Gedanken ausmalen. Sie nehmen das Wasser der »Sorgenpflanze« weg und sehen, wie sie austrocknet. Die andere dagegen, die »Pflanze der Hoffnung«, wächst und treibt Blüten.  Wenn Sie eine Pflanze zu Hause haben, die leider schon eingegangen ist, möchten Sie sie vielleicht für eine Weile behalten, damit Sie an diese Gedanken immer wieder erinnert werden.

Geliebtes Gotteskind,
teile mit,
wie du dich fühlst.

Unser Teenager beginnt, nur noch Schwarz zu tragen, und klappert beim Gehen auffällig, unser Ehepartner riecht neuerdings nach einem neuen Eau de Toilette, und der Chef schaut häufig unzufrieden in unsere Richtung. Wir haben unsere Antennen ausgefahren, und was immer wir erfühlen, gefällt uns nicht.

Eine der größten menschlichen Herausforderungen ist wohl das Sichöffnen anderen gegenüber. Wir sagen, wie wir uns fühlen, und damit – so meinen wir – sind wir verletzbarer. Laut meiner Erfahrung stimmt genau das Gegenteil: Je offener ich bin, desto seltener werde ich verletzt. Denn es gibt sehr wenig über mich, was ich nicht selbst weiß. Wenn jemand zu mir sagt, dass ich rechthaberisch bin, dann stimmt das. Ich bin das gelegentlich. Wenn jemand meint, ich sei zu sensibel, dann stimmt das auch. Trotzdem bin ich in der Lage, zu arbeiten, zu leben und all die Dinge, die ich mir vorgenommen habe, auch durchzuführen.

Je spiritueller wir werden, desto sensibler sind wir auch. Der Brunnen wird immer tiefer. Und wir lernen dabei, alte Gewohnheiten zu verändern. Wie zum Beispiel unsere Art, unsere Gefühle auszudrücken. Statt zu sagen: »Du machst mich traurig …«, sagen wir: »Ich bin traurig …«, statt »Dein Benehmen verletzt mich …«: »Ich fühle mich verletzt …«, statt »Du ignorierst mich …«: »Ich fühle mich ignoriert …«

Durch diese »Ich«-Sätze übernehmen wir die Verantwortung für unsere Gefühle, ohne sie gleich dem anderen als Vorwurf hinzuschmeißen. Wir können unsere Engel um Hilfe bitten, damit uns bei dem heutigen Sichöffnen diese Wortwahl leichter fällt.

Auf dem gleichen Weg geht es um das Mitteilen der eigenen Bedürfnisse oder der Sorgen: »Ich mache mir Sorgen, dass du zu viel trinkst und Alkoholiker wirst.« Oder: »Ich mache mir Sorgen, dass wir uns irgendwann einmal nichts mehr zu sagen haben.«

Sich mitzuteilen, wenn wir uns um etwas sorgen, bedeutet nicht, dass wir negativ denken. Wir machen uns nun mal Sorgen, und es hilft dem anderen, zu wissen, dass wir uns über ihn Gedanken machen. Was ist uns selbst lieber? Dass niemand einen Gedanken an uns verschwendet oder dass es da Menschen gibt, für die mein Wohlbefinden wichtig ist?

Natürlich gibt es bestimmte Situationen, in denen es weiser ist, sich nicht zu öffnen. Wenn man weiß, dass eine bestimmte Person böse Gerüchte verbreitet, ist es manchmal klüger, ihr ganz aus dem Weg zu gehen. Verlassen Sie sich auf Ihre Intuition. Häufig allerdings sind ausgerechnet die Leute, die keine geraden Wege gehen, sehr überrascht von Ihrer Geradlinigkeit und öffnen sich zu Gesprächen, die vorher nicht möglich schienen.

Danke,
liebe Engel,
dass ich in den nächsten Tagen
eine Antwort auf dieses Problem bekomme.

*E*s beginnt – wie so häufig – mit einem Gebet: »Liebe Engel, bitte helft mir, innerhalb der nächsten Tage eine Antwort auf dieses Problem zu bekommen.« Dann konzentrieren wir uns in Gedanken auf unsere Herausforderung.

»Gebete« wie die folgenden bringen nichts: »Liebe Engel, ich möchte gern wissen, wo ich den Mann fürs Leben treffe, dann muss ich noch wissen, ob ich in die neue Wohnung ziehen soll und ob das mit Maria und Charlie und Griechenland klappt. Ach ja, und warum habe ich nach dem Genuss von Süßigkeiten immer Rückenschmerzen?« Das ist auf jeden Fall zu viel auf einmal. Deshalb nehmen Sie sich bitte auch nur eine Situation vor, für die Sie sich in den nächsten Tagen Informationen wünschen.

Unsere Engel kümmern sich jetzt darum, dass die wunderbare Welt uns zeigt, wo die Antwort liegt. Alles, was wir tun müssen, ist aufpassen.

Angenommen, Sie überlegen sich, ob Sie umziehen sollten. Da kann es sein, dass Sie in der U-Bahn ein Gespräch mitkriegen, bei dem es um Umzugsfirmen geht. In der Zeitung, die Sie gerade aufschlagen, fällt Ihnen sofort ein Artikel über Neuanfänge in anderen Gegenden auf. Später im Radio hören Sie hintereinander Lieder über andere Länder. Und Sie haben plötzlich eine unglaubliche Lust auf Weißwürste (falls es Sie nach Bayern ziehen sollte).

Setzen Sie sich keinem Stress aus. Aufmerksamkeit ist alles, was gefordert wird. Und die haben Sie.

*Ich habe mir
zu viel aufgeladen.
Liebe Engel,
was kann warten?*

*W*ir haben so viel zu tun und so viele »Baustellen«, dass wir gar nicht wissen, wo wir zuerst anfangen sollen. Alles scheint gleich wichtig. Alles scheint dringend zu sein.

Wir wissen meistens selbst, was noch warten kann, aber in unserem fast panischen Zustand können wir kaum einen klaren Gedanken fassen. Eine Liste kann da sehr nützlich sein. Mir hilft es, wenn ich mir aufschreibe, was ich alles zu erledigen habe, und diese Liste dann nach Dringlichkeiten ordne.

Eine liebe Freundin von mir ist im Beruf gerade sehr gefordert und hat gleichzeitig auch noch einige gesundheitliche Herausforderungen. Weiterhin macht sie sich große Sorgen um ihre zukünftige Altersversorgung. Alles auf einmal ist nicht zu schaffen. Was würde passieren, wenn sie sich entschiede, das Lösen des Altersversorgungsproblems auf ein halbes Jahr nach hinten zu verschieben?

Sie hätte aktuell ein Problem weniger.

Manchmal müssen wir Prioritäten setzen; und wenn es uns nicht gelingt, das selbst festzustellen, helfen uns die Engel dabei. Mit der einfachen Frage in einer Zeit der Stille: »Liebe Engel, was kann warten?«

Liebe Engel,
bitte helft mir,
mich zu entspannen.

Wenn wir uns in einer Stresssituation befinden, dann ist unser Körper in Aufruhr. Gerade in Krisensituationen brauchen wir Ruhe, um den ganzen äußeren und inneren Lärm zu übertönen.

Deshalb schließen Sie die Augen. Fühlen Sie in sich hinein und beobachten Sie zuerst – ohne etwas zu unternehmen –, wie sich Ihr Körper anfühlt. Wo dröhnt es, klingt es, bewegt es sich? Wo zieht es sich zusammen, schmerzt es, verkrampft es sich?

Dann und erst dann, wenn Sie Ihren Körper richtig fühlen: Sprechen Sie Ihr Gebet und bitten Sie die Engel, Sie zu entspannen. Es ist ein herrliches Gefühl. Wann immer Sie heute merken, dass Ihr Stresspegel steigt, nehmen Sie das Angebot der Engel zu diesem »Mini-Entspannungsurlaub« an. Es wird Ihnen guttun. Und das brauchen Sie heute besonders.

Geliebtes Gotteskind,
wie sehr magst du das Drama
und die Aufregung?

Meine Tochter war wohl so um die dreizehn Jahre alt, als sie aufgeregt von der Schule heimkam. Soundso hatte Soundso im Kino geküsst, obwohl er doch mit einer anderen Soundso befreundet war. Die ganze Klasse hatte es gesehen. Die beiden Soundsos saßen vor ihnen, und jetzt raste sie sofort zum Telefon, weil das Ganze natürlich dringend mit fünfzehn anderen Freunden besprochen werden musste.

Ich schaute mir das eine Zeit lang an und meinte dann irgendwann einmal: »Julia, das ist ja ganz schön viel Dramatik, die da von euch kreiert wird. Du weißt schon, dass du das auch beruhigen kannst.«

Sie drehte sich fassungslos zu mir um und meinte mit einem breiten Grinsen: »Aber Mama, ich liebe es dramatisch.«

Jetzt war es an mir, fassungslos zu schauen. Mein Kind liebt es dramatisch? Das kann sie nicht von mir haben. Ich fühle mich erst dann richtig wohl, wenn mein Leben eine entspannte Basis hat. Natürlich freue ich mich auf Neues und probiere ja auch jede Menge aus, langweilig ist mein Leben weiß Gott nicht, aber dramatisch? Das versuche ich unter allen Umständen zu vermeiden. Wenn wir aber in unserem Leben sehr viel Dramatik haben, dann kann es gut sein, dass wir das auch so mögen. Manchmal sehe ich Ehepaare, von denen ich weiß, dass ich den Mann oder die Frau nur eine Woche überleben würde. Da gibt es jeden Tag etwas anderes: mal laut, mal leise, mal warm, mal kalt. Allein beim Zuschauen bin ich erschöpft, aber die Paare sehen eigentlich ganz glücklich aus. Sie lieben diese Spannung, dieses Hin und Her, und leben richtig auf, je mehr Drama um sie herum geschieht. Natürlich wird darüber auch gestöhnt, aber vielleicht gehört das Stöhnen, wie das Versöhnen, einfach dazu?

Wenn wir also über uns herausfinden, dass wir Dramatik eigentlich ganz gern haben, dann gibt es die Möglichkeit, zu sehen, wo ich das anstrengende Drama wegnehme und wie ich die Spannung und Aufregung anders hinzufügen kann. Wir fangen an, uns über die Abwechslung des Heißen und Kalten zu erfreuen – fast wie in einem Kneipp'schen Kurbad –, und sehen dadurch etwas entspannter ins Leben. Natürlich nie zu entspannt, das wäre ja langweilig.

Falls Sie aber feststellen sollten, dass Sie das Drama weiß Gott nicht genießen, dann mag es nützlich sein, sich andere Reaktionen vorzunehmen. Sich zum Beispiel ein bisschen mehr Zeit zu nehmen, bis man auf etwas reagiert, und die Engel zu bitten, dass sie uns zurückhalten, wenn wir den Telefonhörer zu schnell abheben oder eine Reaktion zu unbedacht rausschicken wollen. Unser Wunsch nach weniger Drama wird sich Stück für Stück entwickeln, und die Dramatik wird weniger werden.

Wenn wir es wirklich wollen.

Liebe Engel,
was steht zurzeit
auf meinem Seelenlehrplan?

Wer von uns kennt nicht die Bilder aus dem Sport? Jahrelanges Training hat den Athleten in Höchstform gebracht. Und diese Höchstform kam nicht durch langes Ausschlafen, gemütliche Spaziergänge beim Sonnenuntergang oder dem doch zu großen Nachtisch. Wir lernen durch Widerstand. Gewichte, an denen wir unsere Muskeln trainieren, helfen uns, unseren Körper für einen Wettkampf stark zu machen. Und so ist es auch mit dieser Herausforderung. Sie ist dazu da, damit wir durch den Widerstand das lernen, was wir brauchen. Jede schwierige Situation, die sich ergibt, ist aus einem bestimmten Grund in unserem Leben. Gott will uns das Leben nicht schwer machen oder den Engeln recht viel zu tun geben, sondern unsere Seele hat sich das zusammen mit Gott und den Engeln vor diesem Leben erbeten. Wir wollen hier auf Erden Erfahrungen sammeln und damit mehr Mitgefühl erleben, und genau das gilt es hier zu üben.

Manchmal wissen wir nicht genau, was es denn auf der Erde zu lernen gibt. Sollen wir Durchsetzungsvermögen lernen und Demut? Sollen wir darum kämpfen oder geht es eher ums Aufgeben? Bin ich zu willensstark oder nicht willensstark genug?

Ich gebe gleich ein paar Beispiele von üblichen Lektionen aus dem Seelenlehrplan. Vielleicht möchten Sie sie aufmerksam durchlesen, und vielleicht ergibt sich plötzlich ein Gefühl, das Ihnen sagt, dass mit dem einen oder anderen Gedanken noch ein bisschen mehr Zeit verbracht werden soll.

Was genau will dieser Widerstand in uns trainieren?

Hier nun die Beispiele: Unsere Engel wollen uns beistehen, damit wir lernen, vielleicht unsere Gefühle mitzuteilen oder die Wahrheit zu sagen, nein zu sagen, trotz der anderen Meinung unserer Freunde und anderer unseren eigenen Weg zu gehen oder uns nicht zu viel zuzumuten, nicht in Selbstmitleid zu schwelgen, unsere Spiritualität nicht wie eine Fahne vor uns herzutragen …

Und natürlich gibt es noch hundert andere Gründe dafür. Das Wissen darum macht den Umgang mit dem Widerstand leichter.

Nehmen Sie sich Zeit für eine Meditation. Zünden Sie sich eine Kerze an und schauen Sie in das Licht. Bitten Sie Ihre Engel, dass sie Ihnen helfen bei dem Verstehen Ihres Seelenlehrplans. Wenn die Augen sich natürlich schließen, gehen Sie in die innere Stille und fragen Sie Ihre Engel in Gedanken: »Was steht zurzeit auf meinem Seelenlehrplan?«

Dann warten Sie ab. Es ist wie beim Telefonieren. Da versuchen Sie ja auch nicht, die Worte der Person am anderen Ende der Leitung zu erraten. Sie warten beim Telefonieren einfach ab. Und hier machen Sie das Gleiche. Falls eine »laute« Stimme zu Ihnen spricht, denken Sie nicht weiter darüber nach, was gesagt wird. Die laute Stimme ist in der Regel unser eigener Gedanke. Warten Sie auf die leise Stimme.

Geliebtes Gotteskind,
tröste deine
Waisenkinder.

Ich bin mittlerweile 49 Jahre alt und kann doch auf einiges an Lebenserfahrung zurückblicken, und gelegentlich erwarte ich von mir auch eine bestimmte Abgeklärtheit. Jahre des spirituellen Trainings und der Meditation müssen doch zu irgendwas nütze sein, oder nicht?

Natürlich gibt es Momente, die mich durchschütteln, und in der Regel kommt da eines meiner Waisenkinder zum Vorschein. Meine Engel erklärten mir das mal folgendermaßen: »Waisenkinder sind Aspekte von dir, die dann auftauchen, wenn du dich in einer ähnlichen Situation befindest, in der sie entstanden sind.«

Dann schickten mir die Engel eine bildliche Situation. Zum Beispiel habe ich große Verlustängste, wenn ich mich verliebe. Mein erster Freund hat mich nach einem Monat verlassen mit der Bemerkung: »Bevor wir uns streiten, sollten wir uns trennen.« Den Spruch fand ich damals schon dämlich, aber trotzdem hat er in mir ein siebzehnjähriges Waisenkind hinterlassen, das sich nicht als wert genug empfindet, geliebt zu werden.

Wir bekamen vielleicht als Kinder zu wenig Aufmerksamkeit und haben so nie erfahren, dass wir so, wie wir sind, in Ordnung sind. Wir mussten immer etwas Besonderes tun, damit uns jemand überhaupt beachtete. Jetzt sind wir erwachsen, und trotzdem wird dieser Aspekt in uns gelegentlich berührt. Wir mögen im Büro plötzlich das Gefühl bekommen, dass unsere Arbeit nicht anerkannt wird, und verfallen in die kindlichen Angewohnheiten unserer Vergangenheit: schmollen, auffallen wollen etc.

Wenn ich in diese seltsamen Stimmungen komme, dann frage ich zum Beispiel als Erstes: »Wie alt bist du, mein Waisenkind?« Dann erscheint fast sofort eine Zahl. Manchmal kommt auch eine Situation hoch, die mir den Ursprung zeigt, das ist aber nicht einmal notwendig. Jetzt haben wir die Gelegenheit, uns selbst zu trösten und damit die Verhaltensweisen eines Kindes abzulegen.

In der jetzigen Situation, welches Waisenkind taucht da bei Ihnen auf? Lassen Sie sich Zeit damit. Fragen Sie nach dem Alter und der möglichen Situation, die dieses Waisenkind erschaffen hat. Dann nehmen Sie Ihr Waisenkind in den Arm (das können Sie sich bestimmt vorstellen) und trösten Sie sich: »Ich bin jetzt sehr viel älter und kann die Situation ganz gut meistern. Schau, zuerst mache ich das und dann dieses. Du brauchst keine Angst zu haben. Alles ist gut. Ich kümmere mich um dich.«

Diese Waisenkinder tauchen dann – zumindest, was meine Erfahrung betrifft – sehr viel seltener auf. Natürlich hilft mir der Rat der Engel, meine Waisenkinder immer wieder zu trösten und immer wieder an die Hand zu nehmen. Das ist mit einem Mal selten getan. Die Waisenkinder allerdings lassen sich von Mal zu Mal schneller trösten. Sie merken ja jetzt, dass wir uns um sie kümmern.

Geliebtes Gotteskind,
öffne dein Herz,
um zu vergeben.

Jeder, der uns etwas zugefügt hat, wusste es nicht besser, sonst hätte er es besser gemacht. Mich hat das immer getröstet. Wenn wir zum Beispiel in diesem Leben Vergebung lernen wollen, dann muss etwas in unserem Leben passieren, damit wir etwas zu vergeben haben.

Natürlich ist es leichter, zu vergeben, wenn etwas ohne Absicht passiert. Doch was ist bei schwerwiegendem Missbrauch und bösartigen Misshandlungen?

Meine Engel haben mir Vergeben und Vergessen erklärt. Eine Vergebung bedeutet nicht automatisch, den anderen wieder in sein Leben zu lassen. Manche von denen, die uns verletzt haben, sehen ihre Verfehlungen nicht ein oder wollen sich nicht verändern; und es wäre unklug, wenn wir Leute mit schlechtem Benehmen oder gefährlichen Angewohnheiten wieder in unser Leben ließen. Wir haben das Recht, uns nicht mit Menschen zu umgeben, die uns nicht respektieren. Aber es wäre für uns selbst besser, wenn wir nicht bei jeder Erinnerung das Trauma nochmals durchlebten. Das Vergeben hilft uns selbst.

Falls Sie ein Ritual bevorzugen, wie wäre es mit dem folgenden? Schreiben Sie die Namen der Betreffenden mit Bleistift auf ein Stück Papier auf. Notieren Sie in kurzen Stichpunkten, was es zu verzeihen gibt. Dann zünden Sie eine Kerze an und holen eine Schale Wasser, in die das Stück Papier später leicht eingetaucht werden kann. Halten Sie das Papier zwischen Ihren Händen (oder ans Herz) und sprechen Sie ein Gebet: »Liebe Engel, bitte helft mir, Verständnis für das Verhalten von _____ zu haben; und ich bitte darum, vergeben zu können. Mögen die Stränge, die uns mit diesem Drama verbinden, gelöst werden. Amen.«

Dann tauchen Sie das Stück Papier ins Wasser ein und lassen es dort liegen. Sie können entweder eine Weile meditieren oder gleich mit Ihren Fingerspitzen im Wasser den Namen und die Stichpunkte wegwischen. Wenn Sie dann bereit sind, entledigen Sie sich des Wassers und des Zettels, wie immer Sie wollen.

Falls Sie für eine Vergebung noch nicht bereit sind, dann können Sie auch hier ein Gebet sprechen: »Liebe Engel, wenn ich nur vergeben könnte! Bitte helft mir dabei.« Wenn Sie wollen, können Sie dann diese Übung zu einem späteren Zeitpunkt noch mal probieren.

Erinnern Sie sich: Die Engel erwarten von Ihnen nicht, dass Sie die andere Person lieben können. Sie sind verletzt worden, und es ist richtig, vorsichtig zu sein. Wenn der andere wieder Teil unseres Lebens sein möchte, können wir sein Zurückkommen ruhig in sehr kleinen Schritten beobachten. Wir wollen uns schließlich vergewissern, ob da eine wirkliche Veränderung eingetreten ist. Und die bekommen wir nur mit der Zeit.

Geliebtes Gotteskind,
verlass das
»Zimmer des Selbstmitleids«.

*I*ch kenne es gut, dieses »Zimmer des Selbstmitleids«. Ich habe viele Jahre darin verbracht. Ich habe es eingerichtet mit all den Fotos von Leuten, die mir irgendetwas getan hatten. Eine meiner liebsten Vorstellungen war meine eigene Beerdigung. Wie sie alle weinen würden und was für ein schlechtes Gewissen sie nicht alle hätten. Ihres Lebens würden sie nicht mehr froh werden. Dummerweise hätte ich dafür zwar sterben müssen, aber zu diesem Zeitpunkt war mir das egal. Die anderen sollten leiden.

Irgendwann einmal merkte ich, dass das Zimmer des Selbstmitleids mir nichts bringt. Es änderte nichts. Ich kam mir nur immer einsamer und verlassener vor. Im Laufe meines spirituellen Trainings lernte ich, Verantwortung für meine Gedanken, Worte und Taten zu übernehmen. Auch zum Beispiel dafür, dass ich die anderen nicht darauf ansprach, wenn sie mich verletzten, sondern mich einfach zurückzog. »Wie soll«, so meine Engel in einer meiner Meditationen, »der andere denn wissen, was dich so verletzt hat?«

Ja, das muss er doch gefälligst ahnen! Kennt er mich denn gar nicht?

Die Antwort darauf war recht klar: »Nein, das ahnt er nicht. Sonst hätte er ja etwas anderes gemacht.«

Es fiel mir früher sehr schwer, mich offen mitzuteilen. Es gab zwei Gründe dafür: Einmal erwartete ich, dass die anderen merkten, wie ich mich fühle (alte Familienkrankheit); und häufig wollte ich als stark gelten, und Schwäche zuzugeben, war so gar nicht meine Sache. Vielleicht geht es Ihnen ja ähnlich.

Heute also beobachten wir uns, wann immer wir einen Fuß in das Zimmer des Selbstmitleids stellen, wir drehen uns um und machen die Tür zu. Hoffentlich wird das Zimmer bald ganz verwaist sein.

Geliebtes Gotteskind,
schreibe den Namen
auf ein Stück Papier
und lege den Zettel in den Gefrierschrank.

*E*ine meiner Freundinnen, so erinnere ich mich, erzählte mir vor Jahren von einem Vorschlag, den ihr ihre Engel gemacht hatten. Sie fühlte sich damals fast verfolgt von einem ehemaligen Chef und wusste nicht, wie sie die Situation in den Griff kriegen sollte. Als sie mal wieder betete und um Lösungsvorschläge bat, sah sie folgende Bilder. Sie schrieb den Namen der Person auf ein Stück Papier und legte es ins Gefrierfach. Natürlich stand sie nach der Meditation sofort auf und machte es nach. Es wirkte.

Die Energie zwischen den beiden kühlte sich damit merklich ab. Ich habe das ebenfalls schon zweimal gemacht, und auch bei mir hat es funktioniert. Das heißt übrigens nicht, dass die Person dann plötzlich aus dem Leben verschwindet. Meistens geht es nur um eine Pause, in der wir wieder zur Ruhe kommen können. Übrigens hat das nichts mit dem, was man so landläufig unter Voodoo versteht, zu tun. Die Intention macht es aus. Wir wollen dem anderen ja nichts Böses. Wir wollen nur unsere Ruhe.

Vieles muss nicht gleich entschieden werden, und so eine Abkühlungsphase nimmt der Hitze des Gefechts einige Grade. Falls Sie kein Gefrierfach haben, ein Kühlschrank tut's auch …

Liebe Engel,
ich werde heute
um Hilfe bitten.

Wir müssen nicht immer alles selbst machen. Auch wir, die gern Hilfe geben, brauchen gelegentlich Unterstützung von anderen. Vielen von uns fällt das extrem schwer, und damit ist auch sofort klar, wie fett gedruckt dieses Fach auf unserem Seelenstundenplan steht.

Gerade spirituelle Menschen geben sehr viel lieber, als dass sie nehmen. Wir übersehen dabei aber, dass es für unsere Mitmenschen ebenso eine Freude ist, uns zu helfen, wie wir das gern für die anderen tun. Es gibt nichts Entspannenderes, als zu sagen: »Ich schaffe das nicht allein, ich brauche Hilfe.«

Falls Ihnen allein bei dem Gedanken schon die Zunge abbricht, machen Sie es trotzdem. Nicht nur die Bitte um Hilfe, sondern auch das Annehmen gehört zum Lehrplan. Ein »Ach, es geht schon wieder; ich mach das jetzt doch selbst; aber danke erst mal« hilft nicht.

Sich wirklich zurückzulehnen und darauf zu vertrauen, dass man

Hilfe nicht nur von den Engeln, sondern auch von den Mitmenschen bekommt, ist ein wahrer Test.

Bedenken Sie dabei auch Ihre Partnerschaftssituation. Es hat sich nicht selten eingebürgert, dass einer die Rolle des »für alles Zuständigen« übernimmt und deshalb nie Schwäche zeigen will. Trotzdem sehnen wir uns aber nach jemandem, der uns in den Arm nimmt und uns hilft. So herrlich und notwendig die Emanzipation der Frau auch war, so haben wir doch gelegentlich das Kind mit dem Bad ausgeschüttet. Wir Frauen haben nicht selten verlernt, was es heißt, uns hinzugeben. Wir wollen die Kontrolle behalten, und dadurch entziehen wir uns dem anderen. Wir wollen uns nicht schwach zeigen. Doch eine tiefe Beziehung kann nur dann entstehen, wenn wir unsere gegenseitigen Schwächen auch zeigen können. Wissend, dass sie nicht ausgenutzt werden.

Bei Männern gibt es wohl die Urangst, sich gegenüber der Frau als schwach zu zeigen und damit ihren Respekt zu verlieren. Bei aller Gleichmacherei der Geschlechter sind wir doch jetzt so weit, dass wir wissen, es gibt Unterschiede. Und um sich als Frau oder auch als Mann zu fühlen, gibt es bestimmte Verhaltensweisen, die uns Frau und die uns Mann sein lassen.

Geliebtes Gotteskind,

wird diese Entscheidung

dich langfristig glücklich machen?

*D*er Weg des Lebens beinhaltet viele Kreuzungen. Gerade in herausfordernden Situationen fühlt es sich so an, als ob wir inmitten einer weiteren Kreuzung stehen und keine Ahnung haben, für welchen der abgehenden Wege wir uns entscheiden sollen. Unsere Engel schlagen uns vor, darüber nachzudenken, ob uns der angedachte Weg auch wirklich langfristig glücklich machen wird.

Die Beantwortung dieser Frage hilft mir, besonders verfahrene Wege zu verlassen. Wege, die mich nicht weiterbringen, sondern die ich beibehalte, weil ich sie seit Jahren aus Gewohnheit gehe oder weil mich andere gerne darauf sehen. Ich schätze diese Frage sehr, denn sie zeigt mir sehr schnell, ob mir der mögliche Weg das bringt, was ich wirklich will.

VORSICHT

Jeder von uns ist gelegentlich dankbar, dass wir das eine oder andere Mal vorsichtig gewesen sind. Das heißt nicht, dass wir die Begeisterung aufgeben sollen oder unseren Mut für Neues. Es bedeutet nur, dass wir nicht alles blind glauben sollen, was sich da vor uns aufbaut oder sich uns anbietet. Ein spirituelles Leben ist immer ein aufmerksames Leben. Wir entscheiden, was für uns richtig ist und vor allen Dingen, ob es unser Herz auf statt zu macht. Wenn wir aufmerksam sind, achten wir darauf, was wir »vor« der »Sicht« erkennen können, um so gelegentliche schmerzliche Erfahrungen vorher schon abzuwenden.

Ich bin zum Teil entsetzt, was sich da unter dem Deckmantel der Spiritualität und Menschenliebe herumtreibt. Nicht jeder, der sich Meister, Schamane, Channel, hellsichtig oder Heiler nennt (weiblich wie männlich), ist auch einer. In Indien sollen jetzt zum Beispiel Ayurveda-Kliniken ein offizielles Zertifikat bekommen, damit man die Echten von den Falschen unterscheiden kann. Leider gibt es das noch nicht auf dem spirituellem Gebiet. Deshalb sollte jede spirituelle Information immer mit größter Sorgfalt betrachtet werden. Und selbstverständlich gilt das auch für all das, was ich selber schreibe.

Es ist wichtig, dass wir weiterhin unseren Verstand eingeschaltet lassen und nicht Menschen unser Leben anvertrauen, die wir kaum kennen. Besonders wenn sie uns einreden wollen, dass sie ein angeblich engeres Verhältnis zu Gott, den Engeln oder dem Universum haben.

Wenn ich mir von irgendjemandem Rat hole (und dagegen ist natürlich grundsätzlich nichts einzuwenden), dann soll dieser

Rat auch nützlich sein und das nicht nur für den Ratgebenden. Deshalb habe ich hier unter »Vorsicht« einfach mal ein paar Gedanken zusammengestellt, die vielleicht helfen können – bei aller Begeisterung für ein spirituelles Leben –, aufmerksam zu bleiben.

Wie jeder auf dem spirituellen Weg, habe auch ich Lehrer(innen) gehabt, die zum Teil großartig und zum Teil manipulierend waren. Meine »schlechten« Lehrer(innen) hatten natürlich auch einen großen Vorteil: Sie haben mir beigebracht, auf meine eigene innere Stimme zu hören. Und dafür bin ich ihnen sehr dankbar.

Die 15 Regeln der Achtsamkeit

1. *Macht das mein Herz auf oder geht es dabei zu?*
   Jeder spirituelle Rat, der mir Angst macht, hat nach meiner Erfahrung nur wenig Wert.

2. *Versprechen*
   Wenn großartige Versprechen gegeben werden, die nicht eingehalten werden können. Zum Beispiel: »Sie werden nie wieder Probleme haben.« – »Damit kommt Ihr Mann bestimmt zurück.« – »Jede Krankheit wird besiegt.«

3. *Teuer*
   Natürlich sollen auch spirituelle Berater Geld verdienen, allerdings muss es im Rahmen bleiben.

4. *Abhängigkeiten*
   Wenn Sie tägliche oder wöchentliche Beratung brauchen, keine Entscheidung mehr alleine treffen und falls doch, dann

auch nur im Sinne des Beraters, dann ist eine Abhängigkeit entstanden.

5. *Distanzieren von Freunden oder Familie*
Wenn man Ihnen mehr oder weniger bestimmt vorschlägt, sich von ihrer Familie oder von Ihren Freunden zu trennen, dann nehmen Sie bitte Ihr Meditationskissen und verschwinden Sie so schnell, wie Sie gekommen sind. Hier geht es ausschließlich um Kontrolle.

6. *Anbetung*
Ich bin immer wieder erstaunt über selbsterklärte »erleuchtete MeisterInnen«. Wer kann das wohl von sich selbst sagen? Da gibt es keine Krise? Keine Bescheidenheit? Keine Frage? Keine Demut? Häufig wird jedes noch so kleine Erlebnis großartig ausgeschmückt, um die Bedeutung des eigenen spirituellen Erwachens darzustellen und dies wird nicht selten mit Jesus oder Maria gleichgestellt. Meine wunderbaren LehrerInnen haben sich nie als »erleuchtete MeisterInnen« dargestellt. Es wäre ihnen zutiefst peinlich gewesen.

7. *Plattitüden*
Wenn Ihre Fragen nicht wirklich beantwortet werden, sondern mit solchen Floskeln wie »Wir sind alle eins« – oder »Atme durch dein Herz und wir erschaffen Weltfrieden« abgespeist werden. Selbst bei näherem Nachfragen wird man dann noch so behandelt, als ob man einfach »noch nicht so weit ist« oder »nicht genug Vertrauen hat«. Ja, Gott sei Dank!

8. *Rigidität*
Klare Regeln und viele Verbote bestimmen das spirituelle Leben und neugieriges Nachfragen ist nicht erwünscht. Da-

bei wird mit Druck vermittelt, keine anderen Bücher mehr zu lesen und auch sonst keine anderen Informationen aufzunehmen, außer der des Beraters oder der Gruppe. Alle nicht »Eingeweihten« sind im Jenseits verloren.

9. *Hierarchien*
Wenn sich eine spirituelle Organisation darauf aufbaut, dass man von unten nach oben durch teure und angebliche extrem wichtige Kurse kommt, entsteht folgende Situation: Die, die unten auf der Hierarchieleiter stehen, fühlen sich dumm und schwach und setzen sich einem extremen Druck und häufig großer finanzieller Belastung aus, um nach oben zu kommen. Die, die schon oben sind, schauen nicht selten arrogant auf die herab, die eben noch nicht so weit sind.

10. *Neue »Kunden« mitbringen*
Wenn Sie neue Mitglieder mitbringen müssen, damit »die Welt gerettet wird« oder sonst irgendetwas »weitergeht«, wird auch hier Druck ausgeübt ähnlich den Kettenbriefen, die ich wegen der unterschwelligen Drohung »wenn du das nicht machst, dann wirst du schon sehen, was du davon hast« nicht weiterschicke.

11. *Gechannelte Informationen*
Nicht alles, was da unter dem Mantel »die Engel sagen mir« vermittelt wird, mag von den Engeln kommen. Wer in Trance geht, um spirituelle Wahrheiten zu erfahren, hat immer noch seinen eigenen Filter; seine guten und schlechten Tage. Jede Information sollte im eigenen Gebet überprüft werden, und das bedeutet: Fühlt sich das für mich stimmig an oder nicht?

12. *Rat*

Selbst die besten spirituellen Ratgeber haben ihre schwächeren Stunden. Nur weil die letzten zehn Mal etwas auch sehr viel Sinn gemacht hat, muss es das nächste Mal nicht auch so sein. Jede Information – wirklich jede! – muss durch den eigenen Verstand, die eigene Intuition und das eigene Gebet überprüft werden.

13. *Lehrer*

Jeder von uns ist Lehrer und Schüler zugleich und auch spirituelle Lehrer haben ihre eigenen Herausforderungen. Manchmal sind sie liebevoll, warmherzig und humorvoll und vieles, was sie sagen, mag sich auch richtig anfühlen. Und doch gibt es da bei einigen »dunkle Löcher«, »seltsame Regeln« oder »eigenartiges Verhalten«. Lassen Sie Ihre leise Stimme nicht verstummen, die Ihnen da sagt, dass sich das oder jenes aber komisch anhört. Fragen Sie nach. Auch in sich selbst. Ich bin auf der Suche nach der 100-prozentigen Wahrheit und dreißig Prozent sind mir einfach zu wenig. Beachten Sie besonders, wenn Sie Ihrem eigenen inneren Dialog über ein Unwohlsein mit den Worten wie: »Aber sie ist doch so nett!« – »Aber er hat doch so was Kluges über xyz gesagt.« begegnen. Das »Aber« in Ihnen möchte beachtet werden ...

14. *Pausen*

Es ist notwendig, häufiger Pausen in dem spirituellen Lernen zu machen, um auch Zeit zu haben, das Gelernte umzusetzen. Wenn man von einem Kurs in den anderen geschleust werden soll, hat man zu wenig Zeit, das Gelernte zu verdauen.

15. *Ergebnis*

Wenn ein spirituelles Training nach einer Weile das Leben nicht verbessert, dann scheint dieser spezielle Aspekt uns nicht zu nützen. Ich schreibe deshalb so vage über »eine Weile«, weil natürlich alles seine Zeit braucht. Wenn wir unsere Erkenntnisse und damit auch unser Benehmen verändern, dann verändert sich auch unsere Umwelt – aber eben nicht gleich morgen. Wenn also langfristig unser Leben dadurch nicht glücklicher und einfacher wird, dann sollte man das Training wechseln.

Übrigens ... das soll Sie natürlich nicht abschrecken. Ich habe bisher keine Sekunde auf meinem spirituellen Weg bereut. Ich würde ihn sofort genauso wieder gehen. Und doch lernen wir im Laufe unseres Lebens dazu und ein spirituelles Leben ist immer ein aufmerksames Leben. Es tut mir allerdings im Herzen weh, wenn ich höre, wie sich jemand mit offenem Herzen auf die Suche nach Gott und den Engeln macht und dann von jemandem ausgenützt wird. Manchmal – leider – ist man dann so abgeschreckt, dass man mit allen spirituellen Dingen nichts mehr zu tun haben will. Verständlicherweise. Und doch würde ich Ihnen gerne Mut machen. Bleiben Sie dran. Suchen Sie sich andere Wege aus. Wir geben ja auch nicht das Essen auf, wenn uns eine Mahlzeit nicht bekommen ist.
Der Weg zu dem eigenen inneren Licht hat viele Abzweigungen und doch kann man ihn nie verfehlen. Selbst die seltsamsten Irrwege sind im Endeffekt nur kleine Umwege. Verlassen Sie sich auf Ihre innere Stimme, die wie die Stimme Ihrer Engel alle Weisheiten der Welt erkennen kann.

Ich umarme Sie von Herzen.

Licht und Liebe
Sabrina Fox

DANK

Der erste Dank gilt natürlich den Engeln, ohne die dieses Projekt das Licht der Welt nicht gesehen hätte. Alles, was ich gelernt habe, verdanke ich in erster Linie meinen Lehrern Zarathustra (damals gechannelt von meiner verstorbenen Freundin Jacqueline Snyder) und Solano (der von meinem lieben Freund L. D. Thompson gechannelt wird; Channeling ist eine geistige Übermittlung, die in Trance stattfindet). Beide ziehe ich häufig in meinen Meditationen zu Rate. Durch sie habe ich meine Innigkeit mit Jesus wiederentdeckt, und ich bedanke mich bei ihm für seine Liebe und Unterstützung.

Dazu gab es natürlich noch jede Menge menschlicher Unterstützung: Ich bedanke mich allen voran bei Olivia Baerend vom Droemer Knaur Verlag, die sich mit großer Begeisterung und Hingabe diesem Projekt gewidmet hat. Herzlichen Dank, Olivia.

Mein Dank geht auch an Astrid Grünling, eine wunderbare Künstlerin, die sich mit viel Liebe um die Gestaltung der Engelkarten gekümmert hat. Ein paar davon sind auch hier im Buch.

Zum Austesten der Karten und des Buches haben sich einige liebe Freunde Zeit genommen, und ich bedanke mich ganz herzlich für die Erlebnisse und das Feedback: neben meiner Schwester Susanne Adlmüller bei Isa Imkuth, Eva-Maria Jorka, Andrea Kiewel, Arabella von Liechtenstein, Gabriele Lohnert, Annette Nuszpl, Wulfing von Rohr und Margaretha Stephan.

Einen lieben Dank an meinen Lektor Ralf Lay. Ohne ihn wäre das Buch weder in der neuen noch in der alten Rechtschreibung leserlich. Danke, dass du auch für dieses Buch wieder Zeit und darauf Lust gehabt und kluge Ideen zum logischen Ablauf angefügt hast.

Meinem Mann Goso Kageneck: Danke für deine immerwährende Unterstützung, selbst wenn dir einiges doch ein bisschen seltsam vorkommt. Ich liebe dich und ich danke dir.

Und ja, liebe Engel, ihr hattet (wie immer) recht. Gegen Ende wusste ich genau, welche Anrede bei den Karten benutzt werden musste. Danke. Danke. Danke.

Und ich danke Ihnen als meine Schwestern und meine Brüder auf diesem Weg, dass Sie sich Zeit genommen und Interesse an diesem Geschriebenen haben. Ich wünsche uns Gottes Segen.

ÜBERSICHT:
GEBETE, ÜBUNGEN
UND LÖSUNGSWEGE

Gebete

GEBET 11	Liebe Engel, bitte helft mir herauszufinden, was für mich wichtig ist.
GEBET 12	Liebe Engel, ich bitte darum, dass jede Mahlzeit gesegnet wird.
GEBET 13	Ich möchte, dass meine Gebete tägliche Gespräche mit Gott und den Engeln sind.
GEBET 14	Lieber Gott, ich bedanke mich dafür, dass du meinen Wunsch erhörst oder verbesserst.
GEBET 15	Liebe Engel, ich will die positiven Dinge laut loben.
GEBET 16	Ich werde heute alle meine Engel um Unterstützung bitten.
GEBET 17	Ich möchte heute für … beten.
GEBET 18	Liebe Engel, bitte schickt mir zusätzliche Freunde, mit denen ich über all das reden kann.
GEBET 19	Liebe Engel, wo kann ich nützlich sein?
GEBET 20	Liebe Engel, ich möchte heute meine Worte mit Bedacht wählen.
GEBET 21	Liebe Engel, bitte erinnert mich daran, dass auch ich im Wohlstand leben darf.
GEBET 22	Liebe Engel, bitte helft mir heute bei der Erkenntnis, dass ich nicht immer recht haben muss.
GEBET 23	Liebe Engel, bitte helft mir herauszufinden, auf was oder auf wen ich neidisch bin.
GEBET 24	Liebe Engel, ich werde die Wahrheit sagen.
GEBET 25	Liebe Engel, ich möchte in einem heiligen Umfeld leben.
GEBET 26	Liebe Engel, ich möchte mich nicht mehr mit anderen vergleichen.
GEBET 27	Lieber Gott, bitte hilf mir, nur das zu machen, was mir entweder Frieden oder Freude bringt.

GEBET 28	Liebe Engel, mit dem nächsten Atemzug hole ich mich vollständig in mich zurück. Alles, was nicht meins ist, darf nicht bleiben.
GEBET 29	Liebe Engel, bitte bringt mir, was ich brauche, und nehmt, was ich nicht brauche.

Übungen

ÜBUNG 1	Liebe Engel, wenn ich heute meine Mitte verliere, helft mir dabei, dass es mir schneller bewusst wird.
ÜBUNG 2	Liebe Engel, bitte helft mir, mich aus allem Klatsch und Tratsch herauszuhalten.
ÜBUNG 3	Mach nur, was dir entweder Frieden oder Freude bringt. Lass dich von nichts und niemandem davon abhalten.
ÜBUNG 4	Liebe Engel, ich möchte jeden Menschen wahrnehmen.
ÜBUNG 5	Liebe Engel, bitte erinnert mich daran, dass ich heute viele Komplimente vergeben möchte.
ÜBUNG 6	Liebe Engel, erinnert mich daran, Spaß zu haben.
ÜBUNG 7	Liebe Engel, ich möchte aufmerksam auf meinen Atem hören.
ÜBUNG 8	Liebe Engel, mir ist es bewusst, was für eine Gnade es bedeutet, einen Körper zu haben. Ich werde ihn heute besonders gut behandeln.
ÜBUNG 9	Liebe Engel, ich möchte mich bei euch be-

danken, und deshalb singe ich heute, sooft ich kann.

ÜBUNG 10   Liebe Engel, ich möchte mich heute bei jeder Wartezeit bewusst entspannen und aufmerksam meine Umgebung beobachten.

ÜBUNG 11   Liebe Engel, ich möchte heute alle Geräusche wahrnehmen.

ÜBUNG 12   Liebe Engel, bitte schickt mir heute jemanden, den ich einfach nicht verstehe.

ÜBUNG 13   Liebe Engel, bitte zeigt mir heute all das, was ich von anderen verlange, aber selbst nicht immer mache.

ÜBUNG 14   Liebe Engel, ich möchte heute meine Gedanken beobachten.

ÜBUNG 15   Liebe Engel, helft mir bitte dabei, keine Ratschläge zu geben.

ÜBUNG 16   Liebe Engel, bitte helft mir, mich an jedem Augenblick zu erfreuen.

ÜBUNG 17   Liebe Engel, ich möchte mich heute persönlich für all die wunderbaren Dinge in meinem Leben bedanken.

ÜBUNG 18   Liebe Engel, ich möchte mich so sehen, wie ihr mich seht.

ÜBUNG 19   Liebe Engel, ich möchte heute in meinem Körper bleiben und ihn nicht verlassen.

ÜBUNG 20   Liebe Engel, schickt mir weise Meister.

ÜBUNG 21   Liebe Engel, bitte helft mir, heute eine ungesunde Angewohnheit loszulassen.

ÜBUNG 22   Liebe Engel, schickt mir den Mut, mich bei den Menschen, die ich verletzt habe, zu entschuldigen.

ÜBUNG 23   Liebe Engel, ich möchte heute Liebe durch Umarmungen verschenken.

ÜBUNG 24	Liebe Engel, ich möchte heute alles anders machen.
ÜBUNG 25	Liebe Engel, bitte helft mir beim Aufräumen und Loslassen.
ÜBUNG 26	Liebe Engel, ich möchte unnütze Aktivitäten aufgeben.
ÜBUNG 27	Liebe Engel, helft mir, mich lächerlich zu machen.
ÜBUNG 28	Liebe Engel, bitte helft mir zu erkennen, wen oder was ich wichtiger nehme als mich selbst.
ÜBUNG 29	Liebe Engel, erinnert mich daran, Zeit in der Natur zu verbringen.
ÜBUNG 30	Liebe Engel, helft mir zu vergeben.

Lösungswege

LÖSUNGSWEG 1	Geliebtes Gotteskind, warum fühlst du dich machtlos? Wer oder was entscheidet für dich?
LÖSUNGSWEG 2	Geliebtes Gotteskind, überlasse heute deine Sorgen uns. Wir kümmern uns heute darum.
LÖSUNGSWEG 3	Geliebtes Gotteskind, triffst du diese Entscheidung mit deinem Herzen oder mit deinem Verstand?
LÖSUNGSWEG 4	Geliebtes Gotteskind, verbringe heute viel Zeit mit dem Erschaffen deiner Zukunft. Stell dir vor, wie du wirklich gern leben möchtest.
LÖSUNGSWEG 5	Geliebtes Gotteskind, vertraue deinem Körper und erfühle ein »Ja« und ein »Nein«.

LÖSUNGSWEG	6	Geliebtes Gotteskind, auch du hast das Recht, dich zu schützen.
LÖSUNGSWEG	7	Liebe Engel, wenn ich heute meine Mitte verliere, helft mir dabei, dass es mir schneller bewusst wird.
LÖSUNGSWEG	8	Lieber Gott, liebe Engel, ich bitte darum, alle zwischenmenschlichen Verbindungen, die nicht göttlicher Natur sind, von mir zu trennen und dem Sender zurückzuschicken.
LÖSUNGSWEG	9	Liebe Engel, bitte schickt meinem Gegenüber die Antwort.
LÖSUNGSWEG	10	Liebe Engel, bitte helft mir bei dem Wort »NEIN«.
LÖSUNGSWEG	11	Liebe Engel, bitte helft mir, den Segen in dieser Situation zu sehen.
LÖSUNGSWEG	12	Liebe Engel, bitte zeigt mir den ersten Schritt zur Heilung dieser Situation.
LÖSUNGSWEG	13	Liebe Engel, ich möchte heute die volle Verantwortung für mein Leben und alle Entscheidungen, die mich zu dieser Situation geführt haben, übernehmen.
LÖSUNGSWEG	14	Geliebtes Gotteskind, um den anderen zu verstehen, sprich zuerst mit seiner Seele.
LÖSUNGSWEG	15	Geliebtes Gotteskind, eine gemeinsame Zeit ist erst dann vorbei, wenn du es sicher weißt.
LÖSUNGSWEG	16	Geliebtes Gotteskind, lade deine Angst zu einem Gespräch ein. Sie will dir helfen.
LÖSUNGSWEG	17	Geliebtes Gotteskind, betet gemeinsam.
LÖSUNGSWEG	18	Geliebtes Gotteskind, verbringe Zeit damit, dir den besten Ausgang der Situation vorzustellen.
LÖSUNGSWEG	19	Geliebtes Gotteskind, teile mit, wie du dich fühlst.

Informationen von und über Sabrina Fox finden Sie unter
www.SabrinaFox.com

Bücher von Sabrina Fox:

Endlich aufgewacht, Peter Erd Verlag
Wie Engel uns lieben, Droemer Knaur Verlag
Die Sehnsucht unserer Seele, Goldmann Verlag
Auf der Suche nach Wahrheit, Goldmann Verlag
Erleuchtung, Sex und Coca-Cola, Goldmann Verlag
Der klitzekleine Engel, Aquamarin Verlag

Engelkarten

Von Engeln begleitet, Droemer Knaur Verlag

CD

Meine Lieder – was mir am Herzen liegt, Arkana

Engelskulpturen

www.SabrinaFoxArt.com
oder
Alabaster Licht + Erde
Tel. +49(0)911 96499-33
Fax +49(0)911 96499-34

Sabrina Fox

Von Engeln begleitet

89 Karten, Anleitungsbuch und Satintuch

Wer kann mit den Engeln reden? Engel sind für alle da – sie reden nicht nur mit Auserwählten. Sie werden uns zwar nicht unsere Probleme abnehmen, doch sie raten uns neue Wege, machen Mut und begleiten uns auf den Schritten in ein erfüllteres Leben. Sabrina Fox weiß, dass die Kommunikation mit Engeln etwas ganz Natürliches ist und dass unsere Engel viele Wege kennen, um mit uns Kontakt aufzunehmen: Ihre Engelkarten sind eine Hilfestellung und Unterstützung für alle, die regelmäßig mit der Engelwelt in Kontakt treten wollen. 89 Engelkarten zu den Bereichen Gebete, Übungen und Lösungswege werden auf dem Satintuch ausgebreitet – die jeden Morgen gewählte Karte enthält ein Angebot und eine Hilfestellung für den neuen Tag.

MensSana

Sabrina Fox

Wie Engel uns lieben

Seit ewigen Zeiten faszinieren und inspirieren Engel den Menschen. Sabrina Fox schildert, wie sie im Laufe vieler Jahre Frauen, Männer und Kinder getroffen hat, die von ihren Erlebnissen mit Engeln erzählten und von den wunderbaren Veränderungen, die diese in ihrem Leben hervorgerufen haben.

Neben den Berichten über Begegnungen mit Engeln bietet die Autorin zahlreiche Informationen und einfache Meditationen an, um seinen persönlichen Schutzengel finden und mit ihm kommunizieren zu können.